Bücher für Gartenfreunde

BfG

Fritz Haenchen

Rosen im Garten

Mit 33 Zeichnungen

VEB Deutscher
Landwirtschaftsverlag
Berlin

Als Warenzeichen registrierte Rosensortennamen sind nicht gekennzeichnet, Patent- und Schutzrechte an Sorten nicht angegeben. Nicht in jedem Falle sind also die in diesem Buch aufgeführten Sortennamen freie Warennamen.

8., unveränderte Auflage

DDR-1040 Berlin, Reinhardtstraße 14
Lizenznummer 101–175/59/88
LSV 4349
Lektor: Diplomgärtner Christine Margraf
Zeichnungen: Ernst Halwaß, Nossen
Umschlaggestaltung: R. Wendt/W. Hahn
Printed in the GDR
Gesamtherstellung: GGV Dresden
Bestellnummer: 558142 7
ISBN 3-331-00050-7
00300

Vorwort

Rosen werden immer häufiger bei der Gestaltung von Gärten und Grünanlagen verwendet. Nicht nur wegen der größeren Lebensdauer gegenüber Sommerblumen und Stauden sind sie beliebt. Die neueren Sorten in ihrer Farbenvielfalt, der größeren Widerstandskraft gegen Witterungsschäden und Krankheiten besitzen gegenüber anderen Pflanzen Eigenschaften, die sie zum bevorzugten Gestaltungsmittel werden lassen.

Für alle Verwendungsmöglichkeiten in Gärten und Grünanlagen, wie Beet, Wegrand, Steingarten und Mauer, Hecke, Spalier und Pergola, Gruppen- und Einzelpflanzung, gibt es besonders geeignete Rosenklassen und Wuchsformen sowie eine reiche Auswahl an Sorten in verschiedenen Farben.

In unserem Buch wird diese Vielgestaltigkeit des Werkstoffes Rosen übersichtlich dargestellt. Der Gartenfreund wird außerdem über die Bodenvorbereitung, die Pflanz- und Pflegetechnik, das Düngen, Bewässern und die Schnittmaßnahmen sowie das Bekämpfen von Krankheiten und Schädlingen und schließlich über die Anzucht informiert.

Damit hilft dieses Buch allen, die Rosen zum Blühen bringen möchten: den Grünanlagen-Pflegebrigaden, den Hausgemeinschaften, den Gartenfreunden sowie denen, die in ihrer Freizeit Rosen heranziehen wollen, um die Freude am Gelingen und den Erfolg zu erleben.

Inhaltsverzeichnis

Zur Verwendung der Rosen

In den Gärten und Parks unserer Zeit nimmt die Rose die führende Stellung unter den Blütenpflanzen ein. Noch zu Beginn unseres Jahrhunderts war sie allerdings nicht die »Alleinherrscherin«. Dies mag mit daran gelegen haben, daß die Remontantrosen, die seinerzeit vorhandene Rosenklasse, nicht allen Anforderungen für eine Beetbepflanzung genügten. Die Remontantrosen blühten lediglich zweimal im Jahr mit einer größeren Unterbrechung. Sie hatten wohl lange, straffe Stiele, so daß sie sich recht gut für die Schnittblumengewinnung eigneten. Bei regnerischem Wetter öffneten sich aber die Knospen nicht. Die Blütenblätter faulten. Außerdem wurde der Boden nicht genügend bedeckt. Bei den roten Sorten störte das Verblauen der Farbe.

Mit dem Erscheinen der Teehybriden, Luteahybriden und Polyantharosen änderte sich dann sehr rasch dieses Verhältnis, und die Rose wurde mit Beginn der 20er Jahre unseres Jahrhunderts die dominierende Blütenpflanze in unseren Gärten und Grünanlagen. Die neugezüchteten Teehybriden und Luteahybriden wiesen günstigere Eigenschaften auf als die Remontantrosen. Sie hatten eine längere Blühdauer, gefälligere Knospen- und Blütenformen und vor allem bestachen sie durch die neuen Farbtöne, die sie in das Sortiment brachten.

So wurden die Remontantrosen nach und nach verdrängt. Es kann aber auch nicht verschwiegen werden, daß diesen Neuen noch allerlei Mängel anhafteten. Trotz sorgsamer Pflege gab es immer wieder Enttäuschungen. Viele Sorten litten unter Winterfrösten, so daß sie im Frühjahr kümmerten und schließlich ganz ausblieben. Außerdem waren die Rosen jener Zeit viel krankheitsanfälliger. Das führte oft dazu, daß sie schon während der Blütezeit entblättert standen, die Blüten also auf nacktem Stiel emporragten. Auch waren diese Rosen noch nicht in der Lage, den Boden genügend zu decken; allein schon deshalb boten die Flächenbepflanzungen keinen schönen Anblick.

Durch intensive Arbeit der Rosenzüchter wurden diese Mängel jedoch immer mehr beseitigt.

Eine andere Richtung in der Entwicklung begann mit dem Aufkommen der Polyantharosen und schließlich der Polyantha-Hybriden. Sie sind widerstandsfähig, gesund und wüchsig und zeichnen sich vor allem durch Blütenreichtum und lange Blühdauer aus. Auch bedecken die meisten Sorten den Boden recht gut.

Die weitere Entwicklung wird gewiß durch die Floribundarosen bestimmt. Diese vielblumigen, reichblühenden Sorten mit den Eigenschaften der Polyantha-Hybriden, aber der eleganten Blütenform der Teehybriden, mitunter auch schon von deren Größe, sind vorzüglich für die Beetbepflanzung geeignet, jedenfalls viel besser als die Teehybriden.

Die Rosenzüchtung in den letzten Jahrzehnten brachte große Fortschritte. Die Widerstandsfähigkeit gegen Frost, Wetterschäden und Krankheiten konnte bei den neuen Sorten aller Klassen erheblich gesteigert werden. Die Belaubung wurde kräftiger, bedeckte den Boden ausreichend und schmückte bei vielen Sorten durch ein intensives, glänzendes Grün oder stand mit rötlichem Ton im wirksamen Kontrast zur Farbe der Blüten. In das Sortiment hielten die verschiedensten goldroten, lachsorange, pfirsichfarbenen und selbst bräunlichen Farbtöne Einzug.

Das Farbenspiel ist heute so umfangreich, daß es allen Ansprüchen gerecht wird. Das Verblauen der roten Rosen tritt bei den neuen Sorten kaum noch in Erscheinung.

Es ist nicht Aufgabe dieses Buches, Beispiele für die Gestaltung von Grünanlagen und Gärten zu bieten. Jedoch sind gewiß einige Hinweise erwünscht. Denn mit zunehmendem Lebensstandard wachsen unsere kulturellen Bedürfnisse. Wir wünschen eine bessere Ausschmükkung des Geländes um die Wohnbauten, eine bessere Bepflanzung der Plätze, Straßen, Vorgärten sowie der Gärten verschiedenster Art. Viele Hausgemeinschaften schließen deshalb Pflegeverträge über die Grünanlagen im Wohnbereich ab. Oft nehmen sie sich vor, die für Pflegearbeiten erhaltenen finanziellen Mittel zur weiteren Verschönerung ihrer Grünanlagen auszugeben. Solchen Verschönerungen muß aber der zuständige Grünanlagenpflegebetrieb zustimmen, eigenmächtige Veränderungen sind nicht erlaubt. Das Gesamtbild der Anlage darf nicht gestört werden. Wenn Rosenbeete mitten in einer Rasenfläche angelegt werden sollen, ist zu bedenken, daß die Pflege solcher Rasenflächen durch derartige Veränderungen erheblich erschwert werden kann und wesentlich mehr Zeit in Anspruch nehmen würde.

Generell sollte man sich bei jeder Planung zuerst darüber Gedanken machen, welche Pflegearbeiten erforderlich werden. So gern wir durch Gartenarbeit Entspannung und körperlichen Ausgleich suchen, sollten wir doch in jedem Fall pflegearme und pflegeleichte Anlagen schaffen. Jeder Einschnitt in eine Rasenfläche erfordert aber ständig mehr Arbeit. Große, nicht unterbrochene und gradlinig begrenzte Flächen lassen sich dagegen leichter bearbeiten.

Ohne Eingriffe in die vorgegebene Gesamtanlage lassen sich aber dennoch Rosenanpflanzungen ergänzend verwenden. So können Gehölzgruppen durch Strauch- und Kletterrosenvorpflanzungen verbessert werden. Wir müssen uns natürlich der vorhandenen regelmäßigen oder unregelmäßigen Gruppierung der Gehölze anpassen.

Im Gegensatz zu den meisten Ziergehölzen, die nur kurze Zeit im Frühjahr blühen, dauert der Flor vieler Strauch- und Kletterrosen länger, er wiederholt sich und hält auch in der blütenarmen Zeit der Blütensträucher an. Steht genügend Raum zur Verfügung, kann auch an eine Erweiterung von Ziergehölzgruppen durch hochwachsende Polyantha-Hybridrosen gedacht werden, wobei aber zu beachten ist, daß sich breite Anpflanzungen nur schwer bearbeiten lassen.

Regelmäßige rechteckige Rosenbeete sind längs der Eingangs- und der Verbindungswege von Haus zu Haus möglich. Die Breite dieser Beete sollte im richtigen Verhältnis zur Größe der Gesamtfläche stehen; Disproportionen sind zu vermeiden.

So sehr es der Rose zusagt, von Rasenflächen umgeben zu sein, dürfen keinesfalls durch solche Rosenpflanzungen die Rasenpflegemaßnahmen erschwert werden. Für Rosenbeete längs der Wege verwendet man Polyantha-Hybriden oder Floribundarosen, am besten Rosen einer Sorte.

Im Wochenendgarten ist mehr als anderswo auf die pflegeleichte und pflegearme Gehölzpflanzung Wert zu legen, denn nicht an jedem Wochenende wird ein Besuch dort möglich sein, und vernachlässigte Beete lassen sich nur mit Mühe wieder in Ordnung bringen. Im allgemeinen sollte man im Wochenendgarten bei Anpflanzungen den landschaftlichen Charakter wahren. Gut eignen sich Strauchrosen, besonders zur Einfriedung und als Hecke. Strauch- und Kletterrosen werden auch in Gehölzgruppen verwendet und dienen als Vorpflanzung. Rosen anderer Klassen haben in unmittelbarer Nähe des Wochenendhauses ihre Berechtigung. Im übrigen sollte man im Wochenendgarten auf Beete jeder Art inmitten von Rasenflächen verzichten, sofern nicht regelmäßige Pflege gewährleistet ist.

In den Haus- und Kleingärten, welche im allgemeinen täglich besucht werden können, ist eine intensivere und regelmäßige Gehölzpflege möglich. Allerdings fehlt es meist an Platz für größere Pflanzungen.

Die Verwendbarkeit von Rosen im Garten ist sehr vielseitig, Teehybriden, Beetrosen, Zwergrosen, Kletterrosen, Strauch- und Wildrosen stehen zur Verfügung und für besondere Gelegenheiten die Stammrosen. Meist werden Rosenbeete angelegt. Hier ist die Pflege leichter als bei anderer Verwendung.

Bei Pflanzung nur einer Polyantha-, Polyantha-Hybrid- oder Floribundasorte können wir starke und lang anhaltende Farbeffekte erreichen. Üppige Blüten und eine fast pausenlose Blütezeit sprechen in solchem Falle für diese Rosenklassen. Je größer ein solches einheitlich bepflanztes Beet ist, um so wirkungsvoller wird es sein. Jedoch gilt es im jeweiligen Fall zu bedenken, besonders bei geringer

Flächengröße des gesamten Gartens, ob nicht eine zu große Farbfläche die Harmonie zerstört.

Mancher Rosenfreund möchte möglichst viele verschiedene Sorten im Garten haben. Deshalb wird er für das repräsentative Beet mehrere Beetrosensorten wählen. Kenntnis der Wuchseigenschaften und der Blütenfarben sind nötig, wenn das Beet mit mehreren Sorten bepflanzt werden soll. In diesem Falle sollte man jedoch nicht streuen, sondern stets einige Exemplare einer Sorte (mindestens 3 bis 5 Stück) in Gruppen zusammenfassen. Dies gilt für Beetrosen ebenso wie für Teehybriden.

Der Rosenliebhaber wird meist die Teehybriden bevorzugen. Er schätzt die edle Form der Knospe und die Vielfalt des Sortiments. Die Rosen dieser Klasse muß man einzeln betrachten und die Entwicklung der Knospe bis zum vollen Erblühen verfolgen. Schließlich will man auch den Duft wahrnehmen. Viele Gartenfreunde wünschen sich ein Beet mit Teehybriden, das ihnen solche Erlebnisse bietet. So reizvoll es ist, viele verschiedene Sorten zu pflegen, so schwierig ist es auch, auf dem Beet eine harmonische Einheit herzustellen. Die Verwendung vieler Sorten muß daher wohlüberlegt sein. Ihre Verschiedenheit in Wuchs, Höhe und Farbe muß berücksichtigt werden, wenn eine gute Wirkung erzielt werden soll.

Zu bedenken ist ferner, daß sich ausgesprochene Schnittrosen meist nicht für die Bepflanzung von größeren Beeten eignen. Auf straffen, langen Stielen tragen sie edle Blumen, aber sie bedecken den Boden nicht genügend.

Stammrosen, die wir in unterschiedlichen Stammhöhen kaufen können, dürfen im Garten nicht als Fremdkörper erscheinen. Ihr Platz muß sorgfältig gewählt werden. Stammrosen bringen uns manchen Vorteil. Die einzelnen Blüten bieten sich in Sichthöhe an, und wir können ihren Duft bequem genießen. Der größte Teil aller Sorten zeigt, auf Stämmen veredelt, intensivere Farben. Zu hohe Stämme stören jedoch die Proportionen, besonders im kleineren Garten, und die Blüten stehen über der Augenhöhe. Die Mehrarbeit, die bei der Überwinterung der Stammrosen erforderlich ist, wird durch die Vorteile aufgewogen.

Bei der Verwendung der Rosen ist der Gartenfreund nicht auf das Rosenbeet beschränkt. Er kann Rosen aller Klassen mit anderen Gehölzen zusammenpflanzen, er kann Gruppen bilden und diese für sich setzen. Stets pflanze man als Gruppe wenigstens 3 Exemplare. Für freiwachsende Hecken, vor allem für Schutzhecken, eignen sich Wildrosen wie *Rosa canina, Rosa multiflora, Rosa rugosa, Rosa rubiginosa* und auch manche Sorten aus der Klasse der Strauchrosen. Alle diese Rosen blühen ansehnlich, und im Herbst können wir uns an den roten Hagebutten erfreuen.

Wildrosen, Strauchrosen und die hohen Beetrosen können natürlich auch wie Blütensträucher verwendet werden. Während letztere lediglich einmal im Jahr blühen – wir wollen sie keinesfalls vollständig aus dem Garten verdrängen –, können wir bei vielen Rosen mit einem mehrmaligen oder langdauernden Flor rechnen. Kletterrosen eignen sich nicht nur für die Bepflanzung von Pergolen, Hauswänden und Zäunen. Besonders wirkungsvoll sind sie auf Böschungen oder über Mauern hängend.

Über Rosennachbarschaften und über Pflanzen, welche in Gemeinschaft mit Rosen gepflanzt werden können, wird seit langem experimentiert. Es ist ein heißes Eisen. Meist leidet ein Partner bei solcher Zusammenpflanzung Schaden. Geeignete Partner sind erwünscht, weil im Vorfrühling und zum Teil auch noch im Frühling im Rosengarten etwas Blühendes fehlt. Auf Beeten mit Stammrosen fehlt außerdem eine bodendeckende Pflanzenschicht. Aber viel mehr reizt den Gartenfreund eine Komposition von Farben anderer Pflanzen mit denen der Rose.

Für die Unterpflanzung nimmt man oft Einjahrsblumen. Auf Ausstellungen konnte man des öfteren die weiße *Lobularia maritima var. benthamii* sehen. Niedrige *Iberis* und Gartenverbenen sowie einige andere Einjahrsblumen sind zur Bodendeckung geeignet. Diese einjährigen Unterpflanzungen stören die Rosenpflege nicht. Von einer Unterpflanzung mit Stauden sollte man Abstand nehmen, weil sie die Pflegearbeiten behindern.

Selbst die im Frühjahr blühenden Zwiebelgewächse, wie Tulpe, Krokus, *Scilla* und Narzisse, eignen sich nicht als Zwischenpflanzung. Sie leiden durch die für Rosen nötige Bodenbearbeitung und vertragen die Reisigwinterdecke nicht gut.

In der Umgebung der Rosen kann jedoch für eine sowohl die Pflanzen als auch den Menschen befriedigende Pflanzennachbarschaft gesorgt werden. In Rosennähe sollte man Blumenzwiebeln, Polsterstauden und Blütenstauden pflanzen. So bietet der Garten schon im Frühjahr Blumen, wenn sich die Rosen noch entwickeln und neue Triebe bilden. Im Sommer steht dann das Farbenspiel der Rosen im Mittelpunkt, es wird ergänzt durch passende Farben der Blütenstauden. Von den Kleinstauden, die sich gut mit der Rose vertragen, sollen einige genannt werden:

Ajuga reptans ’Atropurpurea‘
Alyssum saxatile ’Compactum‘
Arabis alpina
Armeria
Aster alpinus
Aubrieta
Campanula carpatica
Festuca cinerea
Iberis
Saxifraga (polsterbildende)
Sedum spurium
Stachys byzantina
Thymus serpyllum ’Coccineus‘
Veronica spicata
Veronica prostrata
Viola cornuta

Höher wachsende, geeignete Nachbarpflanzen für die Rosen sind:

Aster amellus
Aster dumosus
Chrysanthemum maximum
Delphinium-Hybriden, in Blau und Weiß
Erigeron
Gypsophila paniculata
Gypsophila repens
Lupinus-Polyphyllus-Hybriden, vorwiegend in Gelb und Blau

Arten mit silbergrauem Laub bieten einen effektvollen Kontrast:

Achillea umbellata
Lavandula
Salvia argentea
Santolina chamaecyparissus
Stachys byzantina
Veronica spicata

Nicht vergessen dürfen wir, daß sich mit immergrünen Laubgehölzen und Koniferen als Kulisse schöne Wirkungen erreichen lassen. Um Kenntnisse über die Verwendung der Rosen zu sammeln, bietet sich uns in Grünanlagen, in Rosengärten und auf der iga Erfurt manche Gelegenheit. Diese sollten wir nutzen. Wir wollen uns aber hüten, gestalterische Lösungen, die für große Flächen gedacht sind, in unseren Garten zu übertragen.

Schließlich werden wir als aufmerksame Beobachter selbst zu entscheiden wissen, welchen Platz wir den einzelnen Rosensorten anzuweisen haben und welches die verträglichsten und schönsten Pflanzennachbarn sind.

Sortenwahl

Die Anforderungen, die an eine Rosensorte gestellt werden, sind in den letzten Jahrzehnten erheblich größer geworden. Die Verbesserung ihrer Eigenschaften war nur durch die Arbeit der Rosenzüchter möglich, durch die Erforschung der genetischen Eigenschaften, durch entsprechende Hybridisation, Auslese und durch Nutzung der Knospenmutation. So finden wir in den neueren Sorten bisher unbekannte Farbtöne. Die neuen Hybriden sind auch gegen Schaderreger und Witterungseinflüsse widerstandsfähiger. Das Ergebnis dieser intensiven Züchtungsarbeit sind alljährlich neue und immer bessere Sorten.

In seinem Rosenlexikon hat August Jäger aus Uftrungen im Harz alle ihm bis 1939 bekanntgewordenen Rosenarten und -sorten registriert. Auf 768 Druckseiten hat er fast 20000 Arten und Sorten kurz beschrieben. Heute dürfte so ein Lexikon mehr als 25000 Sorten umfassen.

Viele dieser alten Sorten mußten besseren weichen. Wir wollen aber nicht etwa glauben, daß die Vielzahl der Sorten, die zum größten Teil im Laufe der letzten 150 Jahre entstanden sind, unnütz gewesen sei. Gewiß wurde Ballast mitgeschleppt. So manche Sorte verschwand sehr bald wieder aus dem Sortiment. Andere jedoch wurden für weitere Züchtungsarbeit benutzt, diese wurden also Grundlagen neuer Sorten.

Viele Sorten sind heute verschollen. Etwa 6000 werden aber im Rosarium Sangerhausen erhalten und für züchterische Zwecke vermehrt. Bei einem Besuch dieses Rosariums kann der Gartenfreund die Entwicklung der Rosenkultur sehr anschaulich erleben. Im Rosarium Sangerhausen sowie im Rosengarten Forst (Lausitz) werden alljährlich auch die Neuheiten aufgepflanzt. Dort ist also die beste Möglichkeit, Sorten zu vergleichen und zu beurteilen.

Interessierte Rosenfreunde treffen sich zum Erfahrungsaustausch in den Rosenfachgruppen des Kulturbundes der DDR. Dort können sie ihr Wissen um die Rose erweitern. Gelegentlich werden auch durch diese Fachgruppen Besichtigungen von Rosengärten durchgeführt. Derartige Gruppen arbeiten zur Zeit in Berlin, Delitzsch, Dessau, Dresden, Eisleben, Forst, Pirna und Sangerhausen. Erfreulicherweise können wir im Angebot viele und recht beachtliche Rosensorten von Züchtern aus der DDR finden. Die Züchtung von neuen Rosensorten in der DDR wird zur Zeit im VEG Saatzucht-Baumschulen Dresden und in der GPG »Roter Oktober« Bad Langensalza durchgeführt.

Bevor in der DDR eine Neuzüchtung zum Handel zugelassen wird, wird sie von der Zentralstelle für Sortenwesen der DDR an verschiedenen Orten, also unter verschiedenen klimatischen Bedingungen, mehrere Jahre lang geprüft. Durch diese Maßnahme wird erreicht, daß der Gartenfreund im Handel nur Sorten bekommt, die einen Gebrauchswert, also Gartenwert haben.

Auf diese Weise schützt der Gesetzgeber den Käufer vor Übervorteilung.

Diese durch die Zentralstelle für Sortenwesen überprüften und zugelassenen Neuheiten stehen unter Züchterschutz (Sortenschutz). Unter Züchterschutz stehende Sorten dürfen nur mit Genehmigung des Züchters oder Lizenzträgers vermehrt werden.

Die in der DDR zugelassenen Rosensorten werden in der von der Zentralstelle für Sortenwesen der DDR herausgegebenen Sortenliste für Zierpflanzen, Teil Stauden und Ziergehölze, veröffentlicht. In der letzten Ausgabe (1982/84) sind 188 Rosensorten aufgeführt. Die einzelnen Klassen sind darin, wie aus der nachfolgenden Übersicht zu ersehen ist, wie folgt vertreten:

Teehybriden	64 Sorten	Kletterrosen	16 Sorten
Beetrosen	85 Sorten	Zwergrosen	5 Sorten
Strauchrosen	18 Sorten		

Dem Anfänger mag diese Zahl hoch erscheinen. Unter

den Rosenfreunden gibt es aber Sammler, die schon mehr als 100 Sorten in ihrem Garten pflegen.

Die Gärtner in den Rosenbaumschulen vermehren nicht das ganze Sortiment, sondern gewöhnlich nur die Sorten, die ihnen als besonders vermehrungswürdig erscheinen und nach denen der Kunde fragt. Es sind nicht immer nur die neuesten Sorten, sondern auch ältere, bewährte, die verdienen, erhalten zu bleiben. Heute ist es meist möglich, Rosen in den Selbstbedienungseinrichtungen der Baumschulen des volkseigenen oder genossenschaftlichen Sektors zu erwerben. Hier wird der Kunde beraten oder findet Hinweise zu den Eigenschaften der angebotenen Sorten. Ist keine Verkaufseinrichtung für Baumschulenerzeugnisse in der Nähe, dann steht dem Gartenfreund der Versandhandel zur Verfügung, z. B. das Versandhaus für den Kleingärtner in Erfurt.

Die Sortenbeschreibungen in diesem Büchlein sollen dem Gartenfreund ermöglichen, sich schon vor dem Kauf über die einzelnen Sorten zu informieren.

Rosenklassen

So reizvoll die botanische Klassifizierung der Rosensorten für den Liebhaber sein mag, sie gibt über die Verwendungsmöglichkeit nicht genügend Aufschluß. Wegen der häufigen Einkreuzung von Wildarten und wegen der vielen Zufallshybriden, deren Eltern nicht einwandfrei bekannt sind, ist eine gewissenhafte botanische Klassifizierung auch kaum möglich. Und je mehr Arten- und Sortenkreuzungen durchgeführt werden, um so stärker werden die Grenzen verwischt. Die in den meisten europäischen Ländern übliche Klassifikation unterscheidet 5 Klassen: Teehybriden (Gartenrosen), Beetrosen, Kletterrosen, Strauchrosen einschließlich Wildrosen und Zwergrosen. Diese Klassen werden in Gruppen untergliedert, die im Laufe der Entwicklung der Rosenzüchtung entstanden sind.

Die Bezeichnung der einzelnen Rosenklassen wird nicht in jedem Fall befriedigen. Die Abgrenzung zwischen den Klassen wird sich niemals eindeutig festlegen lassen, zumal durch die fortschreitende Entwicklung der Rosenzüchtung die Unterschiede zwischen den einzelnen Klassen immer mehr verwischt werden. Doch aussagekräftigere Definitionen und Bezeichnungen wurden bisher nicht gefunden.

Teehybriden (Gartenrosen, TH)

Für diese Rosen wurden oft die Bezeichnungen »großblumige Rosen« und »Edelrosen« verwendet. Durch die neueren Rosenzüchtungen sind aber auch in den anderen Klassen großblumige Rosen entstanden, so daß der erst-

Abb. 1 Teehybride

genannte Begriff irreführen könnte. »Edelrosen« sind auch die Blumen der Sorten anderer Klassen, denn auch sie werden »veredelt«.

Die Bezeichnung »Teehybriden« für diese Klasse scheint deshalb gerechtfertigt, weil sich durch die vielfachen Kreuzungen der verschiedenen Gruppen innerhalb dieser Klasse miteinander heute kaum noch Unterschiede zu den ursprünglichen Gruppen feststellen lassen.

In der Klasse der Teehybriden faßt man heute alle Tee-, Teehybrid-, Remontant- und Pernetianarosen (Luteahybriden) zusammen, die entsprechend ihrer Wuchshöhe und Wuchsform nicht als Strauch- oder Kletterrosen eingruppiert werden können. Die Blüten aller Teehybriden sind groß, mehr oder weniger stark gefüllt und meist sehr edel geformt. Wegen ihrer eleganten Blumen wollen sie einzeln betrachtet sein. Sie werden meist als Schnittrosen verwendet.

Um dem Rosenfreund einen Einblick zu geben, wie sich diese Rosenklasse bis heute entwickelt hat und welche Elterngruppen darin enthalten sind, sollen die ursprünglich vorhandenen Gruppen noch erwähnt werden.

Remontantrosen (Rem)

Von ihnen ist heute keine Sorte mehr im Angebot. Dennoch müssen wir sie hier erwähnen, sind doch viele von ihnen im Stammbaum der Teehybriden von Bedeutung gewesen. Die große Zeit dieser Klasse waren die Jahre zwischen 1850 und 1900. Fast 4000 Sorten entstanden in diesem halben Jahrhundert.

Die Remontantrosen haben einen kräftigen Wuchs und sehr viele Stacheln. Die Blumen sind meist sehr groß, stark gefüllt, kugelig, vielfach mit spitzer, hoher Mitte; diese Form entspricht nicht dem heutigen Geschmack. Der Flor ist Ende Juni/Anfang Juli reich, während des Sommers gering und im Herbst nochmals stärker. Die Pflanzen sind verhältnismäßig frosthart.

Einige Remontantrosen waren über fünf Jahrzehnte im Sortiment. Heute sind sie allenfalls noch in alten Bauerngärten anzutreffen. Erinnert sei nur an die Sorten 'Ulrich Brunner fils' (Levet, 1882), 'Mrs. John Laing' (Bennet, 1887) und 'Frau Karl Druschki' (Lambert, 1901).

Teehybriden (TH)

Als im ersten Viertel des 19. Jahrhunderts aus Samen von Teerosen neue Sorten gezüchtet worden waren, bezeichnete man diese als Teehybridrosen. Sie waren meist aus wahllosen Kreuzungen oder Zufallsbestäubungen entstanden. Einige Sortennamen sind uns noch geläufig, z. B. 'Gloire de Dijon' (Jacotot, 1853) und 'La France' (Guillot fils, 1867), die in manchen Liebesromanen jener Zeit eine Rolle spielten.

Mit dem Erscheinen der 'Mme Caroline Testout' (Pernet-Ducher, 1890) begann eine neue Epoche der Rosenzüchtung. Mehr als 6000 Sorten dieser Klasse sind bisher in den Handel gekommen. Und wenn heute allgemein von Rosen gesprochen wird, dann stellen sich die meisten Menschen Teehybriden vor. Die Beliebtheit dieser Rosen beruht auf ihrer ansprechenden Erscheinungsform. Die Blüten stehen meist einzeln, sie erscheinen bei manchen Sorten auch in kleinen Rispen, aber man zählt höchstens fünf Blütenknospen an einem Stiel. Die Blüten sind groß bis sehr groß und meist gefüllt. Ihre Form ist besonders bei den neueren Sorten elegant, die Knospe verjüngt sich nach oben, hat also eine hohe spitze Mitte. Überwältigend ist der Farben- und Formenreichtum. Viele Teehybridsorten blühen mit mehr oder weniger langen Ruhepausen. Nur ein Teil blüht ohne Unterbrechung den ganzen Sommer hindurch, von Juni an bis zum Frost. Vor allem Teehybriden werden für den Blumenschnitt verwendet. Teerosen sind in unserem Klima nicht winterhart. Was in unseren Gärten und Grünanlagen an gelben Rosen angetroffen wird, sind gelbe Teehybridrosen. Das Gelb sowie die bronze- und kupferfarbenen Töne kamen durch Einkreuzung der Luteahybriden in die Gruppe der Teehybriden.

Bei vielen Sorten mit schöner Farbe und einer eleganten Form fehlt leider der Duft. Seine Stärke wird von den Vorfahren auf die neue Sorte vererbt. Aber auch Standort und klimatische Bedingungen beeinflussen seine Intensität.

Vielfach sind die Teehybriden für den Mehltau und Sternrußtau anfällig. Diese Krankheiten treten nicht jedes Jahr auf, sondern nur, wenn die klimatischen Verhältnisse diese Krankheit begünstigen. Die Anfälligkeit einer Sorte für Krankheiten und Schädlinge herabzusetzen, ist ein Züchtungsziel. Die Verfolgung anderer Züchtungsziele macht fortgesetzt Kreuzungen nötig, führt dabei aber manches Mal zu einer verstärkten Anfälligkeit. So brachte die Einkreuzung der Luteahybriden eine besondere Anfälligkeit der entstandenen neuen Sorten für den Sternrußtau mit sich. Ferner kann es zu Degenerationserscheinungen wie Schwachwüchsigkeit kommen. Aber auch die ständige vegetative Vermehrung – jede Sorte stammt von einer einzigen Mutterpflanze ab – führte zu Abbauerscheinungen. Von Sorte zu Sorte gibt es freilich Unterschiede. So hat 'Gloria Dei' (Meilland, 1945) alle guten Eigenschaften, die man von einer Rose erwarten kann. Diese Sorte ist auch heute noch, nach 40 Jahren, kerngesund, starkwüchsig, sie hat glänzendes Laub und große edle Blüten. Mit dieser Sorte konnte die Klasse der Teehybriden weiterentwickelt werden.

Auch diese um 1900 entstandenen Rosen sind in die Klasse der Teehybriden eingegangen. Sie hatten entscheidenden Einfluß auf die Entwicklung des Sortiments.

Luteahybriden entstanden aus der Kreuzung von Remontantrosen und Teehybriden mit Abkömmlingen der *Rosa foetida (Rosa lutea)*, wahrscheinlich der Sorte 'Persian Yellow'. Züchter dieser Hybriden war J. Pernet-Ducher. Daher wurden diese Rosen auch Pernetiana- oder Pernetsche Rosen genannt. Wie schon erwähnt, erhielt die Klasse der Teehybriden durch das Einkreuzen der *Rosa foetida* die herrlichen, kräftig gelben, bronze- und kupferfarbenen Töne.

In Blütenform, Blütenreichtum und Duft ähneln die Luteahybriden den Remontantrosen bzw. den Teehybriden, mit denen sie gekreuzt wurden. Auf *Rosa foetida* geht die wesentlich stärkere Bestachelung und die starke Anfälligkeit für Sternrußtau und Rost zurück.

Mit fortschreitender Bastardisierung näherten sich Remontantrosen, Teehybriden und Luteahybriden immer mehr in ihren Eigenschaften, so daß schließlich keine Unterscheidung mehr möglich ist.

Beetrosen

Die Polyantha-, Polyantha-Hybrid- und Floribundarosen werden heute als Beetrosen zusammengefaßt, die höherwachsenden Sorten dieser Klasse werden ihrem Verwendungszweck entsprechend unter Strauch- oder Kletterrosen eingeordnet.

Das charakteristische Merkmal der Beetrosen ist die Vielblütigkeit (*polyanthus* = vielblumig), der rispenförmige Blütenstand. Die Beetrosen werden heute gegenüber den Teehybriden wegen ihrer Dauerblütigkeit sowie ihrer Widerstandsfähigkeit gegen Krankheiten und Frost für die Beetbepflanzung bevorzugt. Wertvoll ist außerdem, daß sich die einzelnen Blüten der meisten Beetrosen außerordentlich lange halten. Allerdings kann ein zu langes Haften der Blütenblätter zum Nachteil werden, besonders wenn diese an der Pflanze vertrocknen. Dann hilft nur das Ausputzen mit der Schere. Bevorzugt werden deshalb Sorten, die sich selbst »putzen«, d. h. die Blütenblätter abwerfen. Eine Unterbrechung der Blütezeit ist heute kaum noch spürbar. Vorteilhaft ist auch die dichte kräftige Belaubung bei den neueren Sorten. Sie beschatten den Boden besser als die Teehybriden.

Polyantharosen (Pol)

Es sind niedrige, buschige, vielblütige Pflanzen. Die Blüten sind meist nur 3 bis 4 cm breit und gefüllt, sie stehen in Rispen. Als Schnittblumen sind sie weniger geeignet.

Ihre Entstehung geht auf die Kreuzung von *Rosa multiflora* mit Teerosen, Teehybriden, später auch Kletterrosen zurück.

Die erste Sorte soll 'Ma Paquerette' (Guillot, 1875) gewesen sein. Bald befaßten sich mehrere Züchter mit dieser neuen Klasse. Sorten, die über Jahrzehnte den Markt beherrschten, waren 'Gloria mundi' (de Ruiter, 1929) und 'Eblouissant' (Turbat, 1918). Stark verbreitet war auch ‚Orange Triumph' (Kordes, 1937), sie ist noch heute im Sortiment und häufig anzutreffen.

Polyantha-Hybriden (Pol-H)

Diese viele Sorten umfassende Klasse ist aus der Kreuzung von Polyantharosen mit Teehybridrosen entstanden. Durch mehrfache Einkreuzung von Teehybridrosen, Luteahybriden und anderen ergab sich schließlich die großblumige Polyantha-Hybridrose. Diese Weiterentwicklung der Polyantharose wurde durch Poulsen, Kopenhagen, veranlaßt. Er kam als erster auf den Gedanken, die Reichblütigkeit, den gesunden Wuchs und die Frostresistenz der Polyantharose mit der Großblumigkeit der Teehybriden zu vereinigen.

'Rödhätte' (1911) war die erste Polyantha-Hybride. Sie wurde in Mengen angepflanzt, nachdem sie bekannt ge-

Abb. 2
Polyantha-Hybride

worden war. Als verbesserte 'Rödhätte' folgte 'Joseph Guy' (1921). Diese beiden Sorten lagen jahrelang an der Spitze im Rosenanbau. Zu Hunderttausenden wurden sie herangezogen und gepflanzt. Sie waren etwas so überwältigend Neues, daß sich die Namen dieser beiden Sorten allen Rosenfreunden einprägten. Heute sind sie durch schönere, neuere Sorten abgelöst, die nicht den störenden bläulichen Schein ihrer Vorgänger aufweisen.

Die Polyantha-Hybriden setzten sich innerhalb kurzer Zeit durch. Ihre Verwendung nimmt gegenüber den Teehybriden immer mehr zu. Die einzelnen Blumen sind größer als die der Polyantharosen. In absehbarer Zeit wird diese Klasse mit den Floribundarosen verschmelzen.

Floribundarosen (Florib)

Mit diesen Rosen wird der Wunsch nach groß- und gefülltblühenden Polyantha-Hybriden wahr. Sie sind das Ergebnis der Kreuzung von großblumigen Polyantha-Hy-

Abb. 3
Floribunda

briden mit Teehybriden. Auch werden nunmehr die Floribundarosen untereinander gekreuzt. In Wuchs, Belaubung, Blütenstand, Blühwilligkeit und Dauerflor gleichen sie den Polyantha-Hybriden. Die Einzelblüte nähert sich aber der typischen edlen Form der Teehybride.

Kordes kam auf die glückliche Idee, bei der weiteren Züchtungsarbeit statt der *Rosa-multiflora*-Abkömmlinge *Rosa-moschata*-Abkömmlinge zu verwenden. So wurde eine größere Immunität gegen den Sternrußtau erreicht. Heute sind die Floribundarosen praktisch frei von Mehltau, Rost und Sternrußtau.

Floribunda-Grandiflora (Flor-Grandifl, Großblumige Floribundarosen)

Ohne Zweifel werden es die Rosen der Zukunft sein. Die Blüten haben die Form und Größe der Teehybriden, und die Pflanzen gleichen in Vielblumigkeit, Wüchsigkeit

Abb. 4
Floribunda-Grandiflora

und Gesundheit den Floribundarosen. Der Wuchs ist aufrecht und kräftig. Die Blumen erscheinen zu mehreren auf einem Stiel. Die Verwendungsmöglichkeit der Floribunda-Grandiflora ist sehr vielfältig. Sie eignen sich sehr gut als Schnittblumen.

Kletterrosen

Nur diese Bezeichnung wollen wir uns zu eigen machen. Die Rose hat weder Ranken wie die Erbse, noch umschlingt sie eine Stütze wie die Bohne, so daß die Bezeichnungen »Rank- oder Schlingrosen«, wie sie früher oft verwendet wurden, botanisch gesehen falsch sind. Kletterrosen erreichen bis zu 5 m Höhe. Durch den Spreizwuchs der Triebe, also mit Hilfe der Zweige und auch der Stacheln, finden sie in anderen Gehölzen oder an künstlichen Gerüsten Halt und klimmen empor. Durch Aufbinden wird nachgeholfen. Alle Sorten, die lange Triebe bilden, gleich welcher Abstammung, finden wir in dieser Klasse vereinigt. Sie lassen sich nicht nur vorteilhaft zur Bekleidung von Pergolen, Lauben und Spalieren an Häusern verwenden, sondern sind auch sehr dekorative Pflanzen, die zum Überwachsen von Böschungen und Mauern geeignet sind.

Durch die gerüstlose Einpflanzung von Exemplaren aufrechtwachsender Sorten erhalten wir später überhängenden Wuchs von hervorragender Wirkung.

Ob eine Kletterrosensorte nur einmal im Jahr blüht, oder ob sie uns mit mehrmaligem oder dauerndem Blütenflor erfreut, hängt von ihrer Abstammung ab. Auch die Frosthärte ist bei den einzelnen Sorten verschieden, dementsprechend ist der Winterschutz vorzubereiten. Über die Schnittmaßnahmen wird an anderer Stelle berichtet.

Multiflora (Mult)

Rosa multiflora wurde als erste kletternde Art züchterisch bearbeitet. Die Pflanzen blühen in großen Rispen, aber nur einmal im Jahr, in den Monaten Juni bis Juli. Sie sind oft mehltauanfällig. An Südwänden stehend, leiden sie besonders unter Mehltau und auch unter »Roter Spinne«.

Die Pflanzen sind verhältnismäßig winterhart, doch empfiehlt sich eine leichte Bedeckung mit Reisig.

Wichuraiana (Wich)

Diese werden als die schönsten Kletterrosen bezeichnet. Viele Sorten haben den Teehybriden ähnliche Blumen. Sie blühen einmal im Frühsommer. Das Laub ist stark glänzend und gesund. Die überhängenden Seitentriebe, die sich an den sehr schlanken Grundtrieben befinden, verleihen den Pflanzen dieser Gruppe den ausgeprägten hängenden bzw. kriechenden Wuchs. Aus diesem Grunde eignen sich die Wichuraianahybriden, ob klein- oder großblumig, besonders gut für Hängerosenstämme, sog. Trauerrosen.

Climbing (Cl)

Als Climbing bezeichnet man kletternde Sports der Teehybriden und Beetrosen. Die von Teehybriden stammenden Sorten verlangen mindestens Weinklima. Im allgemeinen lassen in unserem Klima Wuchs und Blühfähigkeit zu wünschen übrig. Die Frosthärte ist meist ebenfalls gering, ein Winterschutz ist deshalb unerläßlich.

Wenn auch kletternde Teehybriden zunächst bestechen mögen, so sollte man doch in vielen Fällen den Wichuraianahybriden den Vorzug geben.

Besser bewährt haben sich in unserem Klima die kletternden Sports der Beetrosen, entsprechend den besseren Eigenschaften ihrer Ausgangssorten.

Blütenform und -farbe sowie der Duft und auch alle anderen Eigenschaften entsprechen den Sorten, aus denen sie hervorgingen.

Rosa kordesii (kord)

Dies ist eine von Kordes etwa 1950 gezüchtete Kletterrosenklasse. Nach langen, zuerst erfolglosen Bemühungen entstand diese aus der Sorte 'Max Graf' (Bowditch, 1919), die eine Zufallshybride aus *Rosa wichuraiana* und *Rosa rugosa* ist. Hauptmerkmal ist die völlige Frosthärte. Sie blüht reich vom Juni bis zum Frost. Die Blumen sind groß, in Büscheln zusammensitzend, hervorragend gefüllt, haltbar. Das Laub ist glänzend und gut widerstandsfähig gegenüber von Krankheiten. Der Wuchs ist kräftig, die Triebe erreichen bei einigen Sorten eine Länge von 3 bis 4 Metern.

Lambertiana (Lamb)

Diese Gruppe wurde bisher meist unter die Kletterrosen eingeordnet. Die Pflanzen erreichen wohl bis 2 m Höhe, jedoch keinen ausgesprochenen kletternden Wuchs. Deshalb sollten Sorten dieser Klasse, auch ihrem Verwendungszweck entsprechend, unter die Strauchrosen eingereiht werden. Sie bilden eine hervorragende Bereicherung der Gärten und Grünanlagen, denn sie blühen ohne Pause bis zum Frost.

Strauchrosen

In diese Klasse gehören sämtliche strauchförmigen Rosen und alle Wildrosen. Ihrem Verwendungszweck entsprechend haben sie eine Wuchshöhe von mindestens 1 m, aufrechten, nicht kletternden Wuchs, sie sind frosthart und widerstandsfähig gegen sonstige Einflüsse, auch anspruchslos an die Pflege. Die Strauchrosen finden heute mehr und mehr Eingang auch in kleinere Gärten, so daß man nicht mehr wie früher von »Parkrosen« sprechen sollte. Fast überall dort, wo Blütengehölze angepflanzt werden, lassen sich auch, wahrscheinlich sogar wirkungsvoller, Strauchrosen pflanzen.

Aus der Vielzahl der Arten und Sorten läßt sich leicht eine Auswahl für hohe Beete, Gruppen, Einzelpflanzungen, aber auch für die Vorpflanzung bei Sträuchergruppen und Koniferen sowie für Heckenpflanzungen treffen. Sie bereichern den Garten durch ihren reichen Flor in unterschiedlichen Farben sowie durch große Blüten, und viele davon bringen im Herbst und Winter außerdem reichen Fruchtschmuck. Die Strauchrosen sind auch in Blattform und Blattfarbe abwechslungsreich, besonders reizvoll ist die Verschiedenartigkeit der Bestachelung. Auch bieten sie sichere Nistgelegenheiten für Singvögel.

Zwergrosen

Als Zwergrosen werden Rosen bezeichnet, deren Wuchshöhe im allgemeinen 30 cm nicht übersteigt. Zu dieser Klasse gehören die Zwergbengal- oder Miniaturrosen; alt ist die Bezeichnung Kußröschen.

Die Zwergrosen sind kleinblütig, sie blühen während des ganzen Sommers reich und lassen sich im Steingarten, zur Grabbepflanzung und auch als Einfassung sehr gut verwenden. Der Pflanzabstand beträgt 20 bis 25 cm.

Übersicht bewährter und schöner Rosensorten

Es ist nicht leicht, Sorten auszuwählen, die allen Anforderungen genügen. Bei der Beurteilung sprechen immer subjektive Empfindungen mit. Vielfach ist der Verwendungszweck von entscheidender Bedeutung für die Sortenwahl. Nötig ist, daß durch jahrelange Beobachtungen der einzelnen Sorten Erfahrungen gesammelt wurden. So gibt es bei den Teehybriden manche Sorte, die sich als Buschrose nicht gerade von der besten Seite zeigt, auf Stamm veredelt, aber von überragender Schönheit sein kann. Die Rosengärtner wissen das und bieten solche Sorten, auf Stämme veredelt, an.

In der nachfolgenden Übersicht wird sicher so mancher bevorzugte Liebling vermißt werden. Das Fehlen einzelner Sorten soll jedoch kein Urteil sein.

Der Sortenname wird vom Züchter für die betreffende Sorte ausgewählt. Um Sortenverwechslungen zu verhüten, die mitunter vorkommen können, hat es sich eingebürgert, jeweils den Namen des Züchters und das Einführungsjahr mit anzuführen.

Die richtige Bezeichnung der Blütenfarben ist schwierig. Schon die Farbe ein und derselben Sorte variiert sehr stark je nach dem Boden, den Nährstoffverhältnissen, dem Klima, der Höhenlage und den zur Zeit des Blühens vorhandenen Lichtverhältnissen. Selbst bei Buschrosen und Stammrosen am gleichen Standort sind große Farbunterschiede festzustellen. Bei oberflächlicher Betrachtung scheint man zwei völlig verschiedene Sorten vor sich zu haben. Bei genauerem Studium der Pflanzen wird man jedoch in Blättern, Trieben und Stacheln Übereinstimmung feststellen. Eine exakte Farbbestimmung wäre nur nach Farbtafeln möglich. Diese Art der Farbbestimmung ist schon verschiedentlich angestrebt worden. Für den Züchter mag sie wohl wertvoll sein, obgleich auch er die durch die Umweltbedingungen auftretenden Farbabweichungen berücksichtigen muß. Der Rosenfreund wird aber, selbst bei verwöhnten Ansprüchen, mit der allgemeinverständlichen, wenn auch gröberen Farbbeschreibung auskommen, wie sie für dieses Buch gewählt worden ist. Wie bei den Farben wurde auch versucht, die Beschreibung der Blütenform und die Charakterisierung der Wüchsigkeit der Sorte möglichst objektiv zu halten.

Mitunter ist die ungefähre Wuchshöhe von Bedeutung. Sie ist vor allen Dingen dann wichtig, wenn Rabatten oder Gruppen mit mehreren Sorten bepflanzt werden sollen. Die angegebene Höhe kann jedoch nur Anhaltspunkt und Vergleichswert sein, denn die Wuchskraft ist mehr als alle sonstigen Merkmale von verschiedenen Umweltbedingungen abhängig. So beeinflußt beispielsweise die Art des Frühjahrsschnittes die Wuchshöhe.

Mit dem Begriff »Rose« ist nicht nur der Gedanke an Rosenfarben, sondern auch an Rosenduft verbunden. Dieser spezielle Duft hat von alters her dazu beigetragen, die Rose wertzuschätzen. Eine neue Sorte, deren Knospenform und Farbe uns entzückt, enttäuscht schließlich, wenn ihr der Duft fehlt.

Sensible Menschen können bei Rosen die verschiedensten Duftvarianten, wie Zimt, Honig, Apfel, Muskat usw., feststellen. Wir wollen uns damit begnügen, die Stärke des Duftes zu erwähnen, müssen aber darauf hinweisen, daß auch hier die verschiedensten Umweltbedingungen, wie Tageszeit, Boden- und Nährstoffverhältnisse sowie das Alter der Blüte von Bedeutung sind. So nimmt bei bewölktem, kaltem Wetter der Duft bei allen Sorten ab, während bei sonniger Witterung viele Rosen intensiv duften.

Rosensorten mit auffallendem Duft

Unter den Teehybriden

Capistrano
Chryslers Imperial
Delphin
Josephine Bruce
Ovation
Professor Knöll
Rakete
Sutters Gold
Texas Centennial

Unter den Beetrosen	*Unter den Kletterrosen*
Goldteppich	Golden Showers
Spartan	
Variant	

Teehybriden (Gartenrosen)

Alte Liebe (GPG »Roter Oktober«, 1974)
Höhe 60 bis 80 cm. Lachsrosa, Blütengrund goldgelb. Gut gefüllt. Aufrechter Wuchs. Geringer Duft.
Apart (GPG »Roter Oktober«, 1975)
Höhe 80 bis 100 cm. Außenseiten gelb, von der Basis aus rot getönt, Innenseiten der Blütenblätter leuchtend rot, in Gelbrot übergehend. Mittelhoher, kräftiger Wuchs. Laub lederartig dunkelgrün. Geringer Duft.
Apollo (D. Armstrong-Armstrong Nurs., 1971)
Höhe 80 bis 100 cm. Kanariengelbe, große gefüllte Blumen. Lange, wenig bestachelte Triebe. Dunkelgrünes Laub. Geringer Duft.
Ballet (W. Kordes' Söhne, 1958)
Höhe 50 bis 70 cm. Intensiv rosa. Buschiger Wuchs. Kräftige Blütenstiele. Dunkelgrünes Laub. Früh- und reichblühend. Etwas duftend.
Basilika (VEG S Baumschulen Dresden, 1981)
Höhe 80 bis 100 cm. Kräftig rosa Blüten, die Blütenzahl je Trieb schwankt zwischen einer und sieben Blüten. Auffallend reich blühend. Dunkelgrünes, glänzendes Laub. Selten Hagebuttenansatz. Duftend.
Beauté (Ch. Mallerin, 1953)
Höhe 60 bis 80 cm. Blütenrand kreßorange. Mitte zitronengelb, Blütenzahl je Stiel einzeln bis vier. Blüten bei trüber Witterung etwas verblassend, der Gelbanteil wird vorherrschend. Dunkelgrünes, kaum glänzendes Laub, beim Austrieb rötlichgrün. Kaum duftend.
Bonjour (VEG S Baumschulen Dresden, 1979)
Höhe 90 bis 110 cm. Leuchtend mittelrote Blüten, an der Außenseite der Blütenblätter zum Grunde heller werdend. Kein Verbrennen oder Verblassen der Farbe. Die Blüten stehen einzeln oder zu mehreren auf sehr langen, kräftigen, aufrechten Stielen. Großes, kräftiges, glänzend dunkelgrünes Laub. Kräftiger, gut verzweigter, robuster

Wuchs. Auffallend reichblühend von Juni bis Oktober. Etwas duftend.

Capistrano (Morris – Germain's, 1949)
Höhe 80 bis 100 cm. Leuchtend rosa. Große eiförmige Knospe. Gut gefüllt. Straffe, sehr lange Stiele. Wuchs kräftig, aufrecht, wenig verzweigt. Großes glänzendes Laub. Intensiver Duft.

Chrysler Imperial (Dr. Lammerts – Germains's, 1952)
Höhe 60 bis 80 cm. Dunkelrot. Lange spitze Knospen. Neigt zum Verblauen. Lange Stiele, kräftiger Wuchs. Intensiv duftend.

Citrina (VEG S Baumschulen Dresden, 1981)
Höhe 70 bis 120 cm. Kaum verblassendes Aureolingelb. Meist einzelne Blüten je Stiel, mitunter bis zu vier. Dunkelgrünes, stark glänzendes Laub, im Austrieb rötlichgrün. Reich und lang blühend. Duftend.

Coronado (G. J. v. Abrams – Peterson & Dering, 1961)
Höhe 80 bis 120 cm. Zweifarbig, innen rot, außen gelb. Gut gefüllte, sehr große Blüten. Wuchs kräftig, aufrecht. Kaum duftend.

Delphin (VEG S Baumschulen Dresden, 1980)
Höhe 40 bis 65 cm. Pastellila, etwas verblassende Blüten. Je Trieb eine bis sechs, mitunter bis zu zehn Blüten. Sehr früher Blühbeginn. Mittelgrünes, mattglänzendes Laub. Sehr starker Duft.

Desi (Institut für Zierpflanzenbau Berlin-Köpenick, 1964)
Aureolingelb mit karminrosa Streifen, etwas verblassend. Eine bis 5 Blüten je Stiel. Dunkelgrünes, stark glänzendes Laub. Etwas Duft.

Dezent (VEG S Baumschulen Dresden, 1975)
Höhe 80 bis 120 cm. Cremeweiß. Gut gefüllt. Blumen witterungsunempfindlich. Straffe, lange Stiele. Dunkelgrünes Laub. Duftend.

Ena Harkness (Harkness, 1946)
Höhe 60 bis 80 cm. Feurig scharlachrot, nicht verblauend. Gut gefüllt. Lange haltbar. Früh und reich blühend. Wuchs mäßig, buschig, gut verzweigt. Mäßig, mitunter stark duftend.

Festival (VEG S Baumschulen Dresden, 1984)
Höhe 70 bis 90 cm. Geraniumlackrote beständige Blüten-

farbe. Je Trieb eine bis fünf Blüten. Früher Blühbeginn. Glänzend mittelgrünes Laub. Kräftiger aufrechter, buschiger Wuchs. Als Gruppensorte, aber auch zum Blumenschnitt geeignet. Duftend.

Gloria Dei (F. Meilland, 1945)

Höhe 80 bis 100 cm. Goldgelbe Knospe mit schwach kupferrotem Rand, der sich beim Aufblühen nach und nach verliert. Im Verblühen helles Gelb, rötlich überhaucht. Knospe rundlich spitz. Sehr stark gefüllte, riesengroße, lange haltbare Blumen. Sehr reich blühend. Besonders starker Wuchs, robust und gesund. Lederartiges, dunkelgrünes, glänzendes Laub. Wenig duftend.

Goldenes Prag (GPG »Roter Oktober«, 1966)

Höhe 50 bis 70 cm. Goldgelb, leicht rot berandet. Gut gefüllt. Langstielig. Aufrechter Wuchs. Laub glänzend dunkelgrün. Duftend.

Izetka Spreeathen (Institut für Zierpflanzenbau Berlin-Köpenick, 1968)

Höhe 60 bis 80 cm. Leuchtend rot, nicht verblauend. Gut gefüllt. Reichblühend. Aufrechter Wuchs. Gruppensorte. Wenig duftend.

Josephine Bruce (Bees, 1949)

Höhe 50 bis 70 cm. Karmesinrot bis sammetartig schwarzrot. Schöne spitze Knospe. Hervorragend große, gefüllte Blume, die sich lange hält. Eine der besten dunkelroten Sorten. Reichblühend. Mittelstarker Wuchs, buschig. Wenig duftend.

Karl Herbst (W. Kordes' Söhne, 1950)

Höhe 60 bis 80 cm. Karminscharlach. Sehr große, etwas klobige Blumen. Sehr gut gefüllt. Sehr starker Wuchs. Schnittrose, auch für Kultur unter Glas. Wenig duftend.

Karneol-Rose (Institut für Zierpflanzenbau Berlin-Köpenick, 1964)

Höhe 70 bis 90 cm. Dunkelsamtrot, Knospe schwarzrot. Große, gut gefüllte, haltbare Blumen. Lange, gerade, kräftige Stiele. Aufrechter Wuchs. Mäßig duftend.

Kasbek (VEG S Baumschulen Dresden, 1976)

Höhe 50 bis 70 cm. Weiße, mittelgroße, gefüllte Blüten. Mittellange, feste Stiele. Glänzend dunkelgrünes Laub. Duftend.

Katrin (GPG »Roter Oktober«, 1972)
Höhe 60 bis 80 cm. Lachsrosa. Große, gut gefüllte Blumen. Lange, kräftige Stiele. Kaum duftend.
Komet (VEG S Baumschulen Dresden, 1977)
Höhe 65 bis 85 cm. Zinnoberrote Blüten, die sich in der Farbe nicht verändern. Je Trieb eine bis drei Blüten. Reichblühend. Sehr gut als Schnittrose, aber auch als Gruppensorte verwendbar. Dunkelgrünes, etwas glänzendes Laub, im Austrieb rötlichgrün. Kaum Duft.
Kontrast (VEG S Baumschulen Dresden, 1981)
Höhe 60 bis 95 cm. Innenseite der Blütenblätter signalrot, Außenseite kräftig zitronengelb. Je Trieb eine bis drei Blüten. Reichblühend. Dunkelgrünes, stark glänzendes Laub, im Austrieb dunkelrot. Kaum Duft.
Michèle Meilland (F. Meilland, 1945)
Höhe 60 bis 80 cm. Hellrosa, sehr zarter Farbton ohne irgendwelche Schattierungen, perlmuttartiger Glanz. Edelgeformte, spitze Knospe. Schöne, langgestreckte große Blume, die nicht übermäßig gefüllt ist. Ungewöhnlich lange haltbar. Reichblühend. Mittelstarker Wuchs, wenig verzweigt. Schwach duftend.
Montezuma (H. C. Swim – Armstrong, 1955)
Höhe 80 bis 100 cm. Lachsrot. Gut gefüllt. Reichblühend. Kräftiger, aufrechter Wuchs. Dunkelgrünes, lederartiges Laub. Wenig duftend.
Motiv (VEG S Baumschulen Dresden, 1983)
Höhe 80 bis 100 cm. Zartes Azaleenrosa. Ausgesprochen große gefüllte Blüten. Schlank, aufrecht wachsend. Dunkelgrünes Laub, glänzend. Kaum Duft.
Nadja (Institut für Zierpflanzenbau Berlin-Köpenick, 1965)
Höhe 55 bis 65 cm. Leuchtendrote, am Petalengrund zitronengelbe Blüten. Je Trieb eine bis drei, selten auch bis acht Blüten. Reichblühend. Dunkelgrünes, stark glänzendes Laub, im Austrieb rötlichgrün bis grün. Reich- und frühblühend. Vor allem als Gruppensorte geeignet. Etwas Duft.
New Yorker (Jackson & Perkins, 1974)
Höhe 70 bis 90 cm. Leuchtend dunkelrot. Ovalspitze Knospe. Große, gut geformte, hervorragend gefüllte Blume. Reichblühend. Wuchs kräftig, aufrecht, wenig

verzweigt. Mäßig duftend. Diese Sorte ist auch für den Anbau unter Glas geeignet.

Ovation (VEG S Baumschulen Dresden, 1977)
Höhe 50 bis 80 cm. Hellkarminrote, mittelgroße, gefüllte Blüten. Außenseiten der Blütenblätter sind etwas heller. Reichblühend. Im 2. Flor oft zu mehreren am Stiel. Besonders als Gruppenrose geeignet. Laub glänzend grün, sehr gesund. Intensiv duftend.

Permoser (Institut für Obstbau Dresden-Pillnitz, 1969)
Höhe 60 bis 80 cm. Farbenrose: Blütenblätter am Rande dunkelrosa bis rot, zur Mitte über Hellrosa zu fast Weiß übergehend. Kräftige, lange Stiele. Kräftiger Wuchs, Laub groß. Duftend.

Poiana (GPG »Roter Oktober«, 1972)
Höhe 80 bis 100 cm. Knospen gelb mit Rot. Blume reingelb beim Aufblühen. Gut gefüllt. Lange, straffe Stiele. Etwas duftend.

Professor Knöll (GPG »Roter Oktober«, 1964)
Höhe 80 bis 100 cm. Karmesinrote, große Blumen, die Farbe verblaut im Verblühen etwas. Stark gefüllt. Kräftige Stiele. Kräftiger, buschiger Wuchs. Intensiv duftend.

Profil (VEG S Baumschulen Dresden, 1985)
Höhe 90 bis 120 cm. Azaleenrosa, außen heller. Kelchförmige Blüte, gut gefüllt, mittelgroß, einzeln und zu mehreren auf einem Stiel. Dunkelgrünes, etwas glänzendes Laub. Gute Krankheitsresistenz. Starker, dichter Wuchs mit langen, drahtigen Stielen. Hochproduktive Schnittsorte. Wenig Duft.

Rakete (GPG »Roter Oktober«, 1972)
Höhe 100 bis 150 cm. Feurigrot. Große, gefüllte Blumen. Wuchs kräftig. Duftend.

Roter Stern (Meilland, 1958)
Höhe 60 bis 80 cm. Geraniumrot, ähnlich Baccara, jedoch schlankere und nicht so stark gefüllte Blumen. Gut haltbar. Hervorragende Freilandschnittsorte. Kräftige, lange Stiele. Kräftiger Wuchs. Wenig duftend.

Sacramento (GPG »Roter Oktober«, 1981)
Höhe fast gleichbleibend 50 cm. Dunkelrote, etwas verblauende Blüten. Ein bis vier Blüten je Stiel. Dunkelgrünes, etwas glänzendes Laub, im Austrieb rötlichgrün. Ohne Duft.

Salzaperle (GPG »Roter Oktober«, 1977)
Höhe 80 bis 100 cm. Kräftigrosa mittelgroße, gefüllte Blüten. Stark glänzendes, dunkelgrünes Laub. Verhältnismäßig später Blühbeginn. Duftend.

Salzaquelle (GPG »Roter Oktober«, 1977)
Höhe 50 bis 70 cm. Amethystviolette Blüten (sogenannte Blaue Rose). Mittelmäßiger Wuchs. Glänzend dunkelgrünes Laub. Duftend.

Spek's Yellow (Jan Spek, 1974)
Höhe 70 bis 90 cm. Leuchtend sonnengelb. Lange, spitze Knospe. Blumen oft zu mehreren auf einem Stiel. Leicht gefüllt. Aufrechter, sparriger Wuchs. Wenig duftend.

Super Star (M. Tantau, 1960)
Höhe 80 bis 100 cm, Salmorange. Spitze Knospe. Mittelgroße, lange haltbare Blumen. Lange Triebe. Bei älteren Pflanzen werden an einem Haupttrieb an mehreren kurzen Stielen Blüten gebildet. Kräftiger, aufrechter Wuchs. Auch für Kultur unter Glas. Etwas duftend.

Sutter's Gold (Swim – Armstrong, 1950)
Höhe 80 bis 100 cm. Goldgelb, leicht kupferrote Ränder während des Knospenstadiums. Als aufgeblühte Blume rotorange mit Gelb. Lange spitze Knospen. Leicht gefüllte Blumen. Sehr reich blühend. Kräftiger Wuchs. Lange Stiele mit sehr wenig Stacheln. Glänzend dunkelgrünes Laub. Sehr intensiver Duft.

Symbol (VEG S Baumschulen Dresden, 1985)
Höhe 70 bis 90 cm. Geraniumlackrote, große gefüllte Blüten, kelchförmig, einzeln und zu mehreren auf einem Stiel. Glänzend dunkelgrünes Laub. Gute Krankheitsresistenz. Kräftiger, aufrechter Wuchs, lange Triebe. Gute Schnittsorte. Wenig Duft.

Texas Centennial (A. F. Watkins – Dixi Rose Nurs., 1935)
Höhe 70 bis 95 cm. Rosenrote verblassende Blüten. Eine bis drei Blüten je Stiel. Dunkelgrünes Laub. Duftend. Gute Schnittsorte.

Trend (VEG S Baumschulen Dresden, 1983)
Höhe 60 bis 80 cm. Orange bis kreßrote Blüten. Ein neuer Farbton im Rosensortiment. Sehr früh blühend. Blüten meist einzeln stehend. Dunkelgrünes, kaum glänzendes Laub. Aufrechter Wuchs. Wenig duftend.

Virgo (Mallerin, 1947)
Höhe 50 bis 70 cm. Reinweiß, hält sich lange unverändert. Sehr spitze, lange, elegante Knospen, die oft zu mehreren auf einem Stiel sitzen. Locker gefüllte, haltbare Blumen. Reichblühend. Wuchs straff aufrecht, buschig, wenig verzweigt. Kaum duftend.
Volcano (Moro, 1952)
Höhe 60 bis 80 cm. Kirschrot. Gut gefüllt. Reich blühend. Starker, aufrechter, buschiger Wuchs. Laub dunkel, reichlich. Duftend.
Vulkan (VEG S Baumschulen Dresden, 1981)
Höhe 75 bis 95 cm. Samtig dunkelrote Blüten, die bei Nässe etwas verblauen. Je Trieb eine bis vier, mitunter bis 12 Blüten. Dunkelgrünes, etwas glänzendes Laub, im Austrieb dunkelrot. Etwas Duft.

Beetrosen

Aladin (VEG S Baumschulen Dresden, 1975)
Pol-H, Höhe 50 bis 70 cm. Leuchtend ziegelrot, unverändert bis zum Verblühen. Gefüllte, mittelgroße Blüten in Büscheln zusammenstehend. Breitbuschig, kräftig wachsend. Dunkelgrünes Laub. Kaum duftend.
Baltik (VEG S Baumschulen Dresden, 1984)
Floribunda, Höhe 50 bis 70 cm. Kräftig rötlichlila gefärbte Blüten, sogenannte blaue Rose. Große Blüten, die in Blütenständen bis zu 10 oder mehr Einzelblüten zusammenstehen. Zeitiger Blühbeginn. Reichblütigkeit. Etwas glänzendes Laub. Liebhabersorte. Etwas duftend.
Aspekt (VEG S Baumschulen Dresden, 1973)
Pol-H, Höhe 60 bis 75 cm. Johannisbeerrote Blüten, je Trieb 10 bis 12, bei günstigen Verhältnissen bis zu 50 Blüten. Frühblühend. Dunkelgrünes, etwas glänzendes Laub, bei Austrieb grünlichrot. Gute Selbstreinigung der Blütenblätter, auch bei feuchter Witterung. Wenig Hagebuttenansatz. Ohne Duft.
Bernstein (VEG S Baumschulen Dresden, 1972)
Pol-H, Höhe 50 bis 60 cm. Die erste sogenannte braune Sorte im Sortiment. Bräunlichgelb bis bernsteinfarben. Die halbgefüllten Blüten stehen zu mehreren. Gedrungener Wuchs. Glänzend dunkelgrünes Laub.

Blickfang (VEG S Baumschulen Dresden, 1972)
Floribunda, Höhe 50 bis 70 cm. Ziegelrot, unverändert bis zum Verblühen. Große, gutgefüllte, edelgeformte Blumen. Reich blühend. Kräftiger, gedrungener Wuchs. Laub auffallend dunkel rotgrün. Kaum duftend.

Charme (Institut für Zierpflanzenbau Berlin-Köpenick, 1964)
Pol-H, Höhe 60 bis 80 cm. Leuchtend lachsrosa. Halbgefüllte offene Blüten. Unermüdlich blühend. Wuchs kräftig, buschig. Duftend.

Effekt (GPG »Roter Oktober«, 1975)
Floribunda, Höhe 50 bis 70 cm. Leuchtend dunkelblutrot. Große Blumen. Wuchs breitbuschig, gut verzweigt, mittelhochwachsend. Ohne Duft.

Elbeglut (Dr. J. Schmadlak, GPG »Im Lockwitztal«, 1978)
Pol-H, Höhe 40 bis 60 cm. Kardinalrote, schalenförmige, halbgefüllte Blüten, die zu mehreren zusammenstehen. Reichblühend. Dunkelgrünes Laub. Gedrungener, kräftiger, buschiger Wuchs. Ohne Duft.

Elbegold (Dr. J. Schmadlak – GPG »Im Lockwitztal«, 1974)
Pol-H, Höhe 60 bis 100 cm. Leuchtend schwefelgelbe Blüten. Aufrecht wachsend. Der zweite Trieb ist wesentlich höher als der erste. Starker Hagebuttenansatz. Glänzend grünes Laub. Ohne Duft.

Elbfreude (Dr. J. Schmadlak – GPG »Im Lockwitztal«, 1983)
Floribunda, Höhe 40 bis 50 cm. Blutrot, kaum gefüllte Blüten. Glänzend dunkelgrünes Laub, besonders gegenüber Echtem Mehltau widerstandsfähig. Ohne Duft.

Elizabeth-Rose (W. Lammerts – Germain's, 1954)
Floribunda, Höhe 80 bis 100 cm. Hellrosa. Große edelgeformte, gut gefüllte Blüten stehen einzeln oder zu mehreren auf langen kräftigen Stielen. Wuchs straff aufrecht. Großes, dunkelgrünes Laub. Reichblühend. Kaum duftend.

Esprit (GPG »Roter Oktober«, 1985)
Floribunda, Höhe 60 bis 70 cm. Kräftig zinnoberrot, ohne Veränderungen bis zum Verblühen. Blüte mittelgroß, gefüllt, zu mehreren, bis zu 20 Blüten im Blütenstand. Mit-

telgrünes dichtes Laub. Gute Krankheitsresistenz. Dichter, breiter, sehr gleichmäßiger Wuchs. Kaum Duft.

Fanal (M. Tantau, 1946)
Pol-H, Höhe 60 bis 80 cm. Leuchtend rote Blüten, groß, halbgefüllt, offen, in großen Rispen zusammenstehend. Sehr reichblühend. Kräftiger, gedrungener Wuchs, den Boden gut deckend. Ohne Duft.

Fashion (Jackson & Perkins, 1949)
Pol-H, Höhe 40 bis 60 cm. Lachsrosa, halbgefüllt. Reichblühend. Mittelstarker Wuchs. Schwacher Duft.

Feuertaufe (GPG »Roter Oktober«, 1980)
Floribunda, Höhe 40 bis 45 cm. Orangenrot, Rückseite heller, Grund aureolingelb. Farbe nachdunkelnd. Blütenzahl je Trieb eins bis acht. Frühblühend. Hagebuttenansatz. Dunkelgrünes, etwas glänzendes Laub. Ohne Duft.

Florett (GPG »Roter Oktober«, 1984)
Floribunda, Höhe 60 bis 80 cm. Hell porzellanrosa, anfangs etwas intensiver gelblichorange gefärbte Blüten. Große, schalenförmige Einzelblüten, die einzeln und zu mehreren an geraden Trieben stehen. Dichtes dunkelgrünes glänzendes Laub. Viel Hagebuttenansatz. Ohne Duft.

Goldteppich (VEG S Baumschulen Dresden, 1972)
Pol-H, Höhe 40 bis 50 cm. Intensiv gelb. Bis zum Verblühen nicht verblassend. Halbgefüllte Blüten. Wuchs kräftig, gedrungen, buschig. Laub glänzend dunkelgrün. Intensiv duftend.

Hermann Berger (GPG »Roter Oktober«, 1982)
Floribunda. Höhe 70 bis 80 cm. Orangegelblich mit rötlichem Rand, Rückseite der Blütenblätter heller. Später nachdunkelnd. Ein bis drei, bis sieben Blüten je Trieb. Selbstreinigend, geringer Hagebuttenansatz. Laub dunkelgrün, etwas glänzend. Duftend.

Hurrikan (VEG S Baumschulen Dresden, 1982)
Pol-H, Höhe 60 bis 70 cm. Leuchtend paprikarot, Rückseite der Blütenblätter dunkelrot. Je Trieb drei bis fünf, bis acht Blüten. Glänzendes dunkelgrünes Laub. Selbstreinigend, auch bei feuchter Witterung. Etwas Duft.

Inspiration (VEG S Baumschulen Dresden, 1985)
Floribunda, Höhe 60 bis 70 cm. Reinrosa, ohne Verände-

rungen. Edelgeformte Blüte, mittelgroß, gut gefüllt, zu mehreren in großen Blütenständen. Glänzendes, mittelgrünes Laub. Gute Krankheitsresistenz. Dichter, gut verzweigter, breitbuschiger, gleichmäßiger Wuchs. Etwas Duft.

Irene (S. Poulsen, 1948)
Pol-H, Höhe 50 bis 70 cm. Reinweiß. Gut gefüllte, große Blüten. Reichblühend. Wuchs kräftig, buschig. Laub frischgrün. Etwas duftend.

Izetka Köpenicker Sommer
(Institut für Zierpflanzenbau Berlin-Köpenick, 1968)
Floribunda, Höhe 70 bis 90 cm. Reingelb. Gut gefüllte Blumen, edelrosenartig. Reichblühend. Aufrechter, dichter Wuchs. Laub glänzend. Kaum duftend.

Janos (VEG S Baumschulen Dresden, 1980)
Pol-H, Höhe 55 bis 65 cm. Zinnober, pfirsichfarbene Rückseite der Blütenblätter. Nachdunkelnd bis dunkelblutrot. 3 bis 15, bis 20 Einzelblüten je Trieb. Frühblühend. Gute Selbstreinigung, geringer Hagebuttenansatz. Glänzendes, dunkelgrünes Laub. Kaum Duft.

Juliska (VEG S Baumschulen Dresden, 1978)
Floribunda, Höhe 60 bis 80 cm. Leuchtendes Signalrot der großen, gefüllten, edelgeformten Blüten, die zu mehreren im Blütenstand vereinigt sind. Sehr dunkles Laub. Etwas duftend.

Kombination (VEG S Baumschulen Dresden, 1982)
Floribunda, Höhe 60 bis 65 cm. Blütenfarbe am Rand scharlachrot, zur Mitte weiß. Nachdunkelnd. Blütenanzahl je Trieb eins bis sieben. Dunkelgrünes, kaum glänzendes Laub. Gute Selbstreinigung, seltener Hagebuttenansatz. Duftend.

Kosmos (VEG S Baumschulen Dresden, 1985)
Floribunda, Höhe 60 bis 65 cm. Leuchtend dunkelrot. Blüten schalenförmig, mittelgroß, gefüllt, zu mehreren in großen Blütenständen. Laub dunkel, rötlichgrün, stark glänzend, ausgesprochen gesund, im Herbst sehr lange an der Pflanze haftend. Buschiger, breiter, gleichmäßiger Wuchs. Besonders auffallend durch die Kombination der Laub- und Blütenfarbe. Wenig Duft.

Kristall (GPG »Roter Oktober«, 1979)
Floribunda, Höhe 60 bis 70 cm. Weiß, Mitte cremefar-

ben. Vier bis sieben, mitunter bis zwölf Blüten je Trieb. Reinigt sich nicht selbst bei feuchter Witterung, dann starker Hagebuttenansatz. Mittelgrünes, glänzendes Laub. Etwas Duft.

Lilli (R. Kordes – W. Kordes' Söhne, 1959)
Floribunda, Höhe 50 bis 70 cm. Leuchtend feurigrot. Nicht verblauend oder verbrennend. Große, halbgefüllte Blüten in großen Büscheln. Reichblühend. Gedrungener, gut verzweigter Wuchs. Laub dunkelgrün. Etwas duftend.

Magnet (VEG S Baumschulen Dresden, 1982)
Floribunda, Höhe 65 bis 80 cm. Signalrot, Rückseite der Blütenblätter weinrot. Blütenzahl je Trieb ein bis fünf. Frühblühend. Blühdauer 20 Wochen. Dunkelgrünes, etwas glänzendes Laub. Gute Selbstreinigung. Hagebuttenansatz. Kaum Duft.

Masquerade (E. S. Boerner – Jackson & Perkins, 1949)
Pol-H, Höhe 60 bis 80 cm. Knospen gelb mit roten Punkten oder Streifen. Blüten anfangs gelb, verfärben sich über Rosa zu Rot. Wuchs buschig. Laub lederartig. Kaum duftend.

Mephisto (GPG »Roter Oktober«, 1985)
Pol-H, Höhe 80 bis 140 cm. Blutrote schalenförmige, mittelgroße, schwachgefüllte Blüte, zu mehreren in einem Blütenstand. Glänzend mittelgrünes Laub. Gute Krankheitsresistenz. Kräftiger, buschiger Wuchs, wird besonders im 2. Flor wesentlich höher. Auch für Einzelstellung wie eine Strauchrose verwendbar.

Meteor (R. Kordes – W. Kordes' Söhne, 1959)
Floribunda, Höhe 40 bis 50 cm. Scharlachzinnoberrot. Große gefüllte Blüten. Reichblühend. Gedrungener, gleichmäßiger Wuchs. Eine niedrigbleibende Sorte mit großem, dunkelgrünem Laub. Etwas duftend.

Mosaik (VEG S Baumschulen Dresden, 1978)
Pol-H, Höhe 50 bis 70 cm. Farbenrose mit garnelenroten Blüten, die zur Mitte in Gelb übergehen. Während der Blütezeit dunkelt die Farbe nach. Kräftiger, buschiger Wuchs mit dichtem, dunkelgrünem Laub. Selbstreinigend, kein Fruchtansatz. Kaum duftend.

Nina Weibull (Poulsen, 1962)
Pol-H, Höhe 70 bis 90 cm. Dunkelrote, gefüllte Blüten in

großen Blütenständen, 5 bis 20. Bis fünfzig Einzelblüten je Trieb. Später Blühbeginn. Reichblühend. Glänzend dunkelgrünes Laub. Sehr robust und frosthart. Kaum Duft.

Odette (GPG »Roter Oktober«, 1972)
Floribunda, Höhe 60 bis 80 cm. Hellrosa Blumen in großen Rispen. Reichblühend. Gleichmäßiger Wuchs. Ohne Duft.

Opus (VEG S Baumschulen Dresden, 1977)
Pol-H, Höhe 50 bis 70 cm. Leuchtend paprikarote Blüten, die mittelgroß und halbgefüllt sind. Breitwüchsig. Dunkelgrünes Laub. Etwas duftend.

Orange Triumph (W. Kordes' Söhne, 1937)
Pol, Höhe 60 bis 80 cm. Orangerot. Halbgefüllte Blüten in großen Rispen. Stark und breit wachsend. Ohne Duft.

Papagena (VEG S Baumschulen Dresden, 1975)
Floribunda, Höhe 50 bis 70 cm. Zweifarbig, hellrot, zur Mitte in Zartgelb übergehend. Halbgefüllte Blüten. Reichblühend. Kräftig-buschig wachsend. Sattgrünes Laub. Etwas duftend.

Petito (VEG S Baumschulen Dresden, 1973)
Pol-H, Höhe 40 bis 60 cm. Gelb mit rotem Anflug. Zahlreiche, kleine, gefüllte Blüten. Wuchs gedrungen, buschig. Ohne Duft.

Pilurett (Institut für Obstbau Dresden-Pillnitz, 1964)
Floribunda, Höhe 40 bis 60 cm. Ziegelrot. Große, edelgeformte Blumen. Etwas breit wachsend. Kaum duftend.

Präsent (Dr. E. Haenchen – Victor Teschendorff KG, 1969)
Floribunda, Höhe 50 bis 70 cm. Farbenrose: Außenseite goldgelb, innen goldorange, apfelsinenfarbig. Edelgeformte Knospen. Gut gefüllt. Reichblühend. Glänzend dunkelgrünes, sehr gesundes Laub. Kräftiger, buschiger Wuchs. Etwas duftend.

Raduga (Dr. J. Schmadlak – GPG »Im Lockwitztal«, 1983)
Pol-H, Höhe 50 bis 60 cm. Hellgelbe Blüten verfärben sich im Blühverlauf zu Rosa. Große, halbgefüllte Blüten. Glänzend frischgrünes Laub. Buschiger Wuchs. Kein Duft.

Referenz (VEG S Baumschulen Dresden, 1983)
Floribunda. Höhe 60 bis 80 cm. Reines unveränderliches Rosa. Dunkelgrünes Laub. Aufrechter Wuchs. Kein Hagebuttenansatz, da sich die Pflanze gut putzt. Kein Duft.

Reigen (GPG »Roter Oktober«, 1984)
Floribunda, Höhe 80 bis 100 cm. Die großen Blüten sind vom Grunde her gelblich und gehen über Orange zum Rand in Hellrot über. Im Blühverlauf heller werdend. Reichblütig. Gute Selbstreinigung. Glänzendes dunkelgrünes Laub. Geschlossener, aufrechter Wuchs. Schwacher Duft.

Responso (GPG »Roter Oktober«, 1981)
Floribunda, Höhe 70 bis 75 cm. Garnelenrot, Rückseite aprikosenfarbig, an der Basis der Blütenblätter in Gelb übergehend. Blütenzahl je Trieb ein bis sieben, mitunter bis zu 25. Selbstreinigung, kein Hagebuttenansatz. Mittelgrünes, etwas glänzendes Laub. Kein Duft.

Revolution (GPG »Roter Oktober«, 1972)
Pol-H, Höhe 50 bis 70 cm. Blutorangerot. Blüten in großen Blütenständen. Buschiger, gut verzweigter Wuchs.

Roko-Rose Altenburg (GPG »Roter Oktober«, 1977)
Floribunda, Höhe 100 bis 120 cm. Hellzinnoberrote Blüten. Sie sind groß, edel, halbgefüllt mit karminfarbener Rückseite. Großes, glänzendes dunkelgrünes Laub. Ohne Duft.

Roletta (GPG »Roter Oktober«, 1983)
Floribunda, Höhe 70 bis 80 cm. Lachsrosa Blüten, in großen Büscheln zusammenstehend. Glänzend dunkelgrünes Laub. Aufrechter, buschiger Wuchs. Etwas Duft.

Rosa Sinfonie (VEG S Baumschulen Dresden, 1979)
Floribunda, Höhe 60 bis 80 cm. Azaleenrosa, große, gutgefüllte Blüten mit lachsfarbigem Einschlag. Große Blütenstände. Sehr reichblühend, vielfach das Laub abdekkend. Durchgehend blühend von Mitte Juni bis Oktober. Beim Verblühen ist eine sichere Selbstreinigung der Blüten gewährleistet. Großes, dunkelgrünes, dichtes, bodenbedeckendes Laub. Buschiger, kräftiger, gut verzweigter Wuchs. Etwas Duftend.

Salzajubiläum (GPG »Roter Oktober«, 1982)
Pol-H, Höhe 80 bis 90 cm. Unveränderlich hell zinnober-

rote Blüten, die zu 3 bis 12 auf einem Trieb stehen. Reichblühend. Gute Selbstreinigung. Starker Hagebuttenansatz. Etwas glänzendes dunkelgrünes Laub. Etwas Duft.

Silberzauber (GPG »Roter Oktober«, 1985)
Floribunda, Höhe 65 bis 95 cm. Rosa, etwas aufhellend. Edelgeformte, mittelgroße, gefüllte Blüten, zu mehreren in einem Blütenstand. Dunkelgrünes, stark glänzendes Laub. Gleichmäßiger, buschiger, kräftiger Wuchs. Etwas Duft.

Sonne der Freundschaft (GPG »Roter Oktober«, 1978)
Floribunda, Höhe 40 bis 50 cm. Leuchtend gelbe, mittelgroße, halbgefüllte, edel geformte Blüten. Auffallend zeitig blühende Sorte mit einem gedrungenen, buschigen Wuchs. Dichtes, dunkelgrünes, sehr gesundes Laub. Etwas duftend.

Sonnengold (VEG S Baumschulen Dresden, 1982)
Floribunda, Höhe 55 bis 60 cm. Intensiv chromgelbe Blütenfarbe, die sich nicht verändert. Eine bis fünf Blüten am Trieb. Sehr früh- und reichblühend. Gute Selbstreinigung auch bei feuchter Witterung. Geringer Hagebuttenansatz. Sehr gute Resistenz gegen Mehltau und Sternrußtau. Stark glänzendes dunkelgrünes Laub. Duftend.

Spartan (E. S. Börner – Jackson & Perkins, 1955)
Floribunda, Höhe 60 bis 80 cm. Orangerot. Sehr gut gefüllte, edelförmige Blüten, stehen einzeln oder zu mehreren am Stiel. Wuchs kräftig, buschig. Lederartiges, dunkelgrünes Laub. Mäßig duftend.

Start (VEG S Baumschulen Dresden, 1978)
Pol-H, Höhe 60 bis 80 cm. Leuchtendorange, zur Mitte in Gelb übergehende Blüten. Bei hoher Strahlungsintensität zum Verblühen hin kirschrot werdend. Aufrechter, mittelstarker Wuchs. Dunkelgrünes Laub. Duftend.

Tantaus Überraschung (M. Tantau, 1943)
Pol-H, Höhe 60 bis 80 cm. Samtig schwarzrot. Blumen gefüllt, in breiten Rispen. Wuchs straff aufrecht mit starken Trieben. Dunkelgrünes Laub. Ohne Duft.

Transit (VEG S Baumschulen Dresden, 1984)
Floribunda, Höhe 80 bis 100 cm. Intensiver karmesinroter Farbton. Bis zu 20 Blüten in unterschiedlich großen Blütenständen. Gute Selbstreinigung, geringer Hagebut-

tenansatz. Sehr reichblühend. Kräftiger, aufrechter, geschlossener Wuchs. Kaum glänzendes dunkelgrünes Laub. Gute Krankheitsresistenz. Kein Duft.

Trix (VEG S Baumschulen Dresden, 1980)
Pol-H, Blütenfarbe am Rande orange, zur Mitte aureolingelb, Rückseite der Blütenblätter bernsteingelb. Nachdunkelnd im Laufe der Blütezeit. Je Trieb drei bis sechs, mitunter bis 20 Blüten. Gute Selbstreinigung, starker Hagebuttenansatz. Glänzend dunkelgrünes Laub. Gute Krankheitsresistenz. Kaum Duft.

Variant (VEG S Baumschulen Dresden, 1973)
Floribunda-Grandiflora, Höhe 60 bis 80 cm. Interessantes Farbspiel. Kräftig rote Knospen, beim Aufblühen in Cremeweiß übergehend. Unter Sonneneinfluß über Rosa zu Kirschrot ausfärbend. Große, edelgeformte, gut gefüllte Blumen, stehen oft in großen Büscheln zusammen. Kräftiger, buschiger Wuchs. Laub dunkelgrün. Intensiv duftend.

Weißes Meer (VEG S Baumschulen Dresden, 1975)
Floribunda, Höhe 60 bis 80 cm. Strahlendes Weiß. Reichblühend. Spitze, edelgeformte Knospen. Große, leicht gefüllte Blüten. Kräftiger Wuchs. Dunkelgrünes Laub. Etwas duftend.

Kletterrosen

Climbing Orange Triumph (W. Koopmann, 1948)
Kletternde Pol-H, öfterblühend, Höhe 3 bis 4 m. Orangescharlach. Kleine, gefüllte Blüten in großen Rispen. Ohne Duft.

Dorothy Perkins (Perkins, 1901)
Wichuraiana-Hybride, einmalblühend. Höhe 4 bis 5 m. Rosa, kleine, gut haltbare Blüten in sehr großen Rispen. Blüht spät, aber reich. Starker Wuchs. Triebe dünn. Glänzendes, kleines Laub. Mehltauanfällig. Ohne Duft.

Excelsa (Walsh, 1910)
Wichuraiana-Hybride, einmalblühend. Höhe 4 bis 5 m. Karminrote, in großen Büscheln stehende Blüten. Kleine, gefüllte Blüten. Wuchs stark. Glänzendes Laub. Etwas duftend.

Expreß (VEG S Baumschulen Dresden, 1984)
Höhe 200 bis 250 cm und mehr. Kamelienrosa, gut gefüllte Blüten, teehybridgleich geformt. Selbstreinigend. Dunkelgrünes, stark glänzendes Laub, das bis zum Herbst gesund bleibt. Kräftiger, aufrechter Wuchs. Sehr gute Frosthärte. Auch freistehend sehr gut verwendbar wegen des aufrechten Wuchses. Schwacher Duft.

Golden Climber (Brownell, 1933)
Wichuraiana-Hybride, einmalblühend, Höhe 3 bis 4 m. Goldgelb mit Rot schattierten Knospen. Große einzeln stehende Blüten. Nach der ersten reichen Blüte meist noch eine geringe Nachblüte. Duftend.

Golden Glow (Brownell, 1937)
Wichuraiana-Hybride, einmalblühend, Höhe 3 bis 4 m. Goldgelb. Große, gefüllte Blumen, die zu mehreren zusammenstehen. Sehr wüchsig. Laub dunkelgrün, glänzend. Etwas duftend.

Golden Showers (W. Lammerts, 1956)
Öfterblühend, Höhe 2 bis 3 m. Goldgelb. Große, edelgeformte, gefüllte Blüten. Wuchs nicht sehr stark. Triebe wenig bestachelt. Laub glänzend dunkelgrün. Auch als Strauchrose verwendbar. Intensiv duftend.

Gruß an Heidelberg (W. Kordes' Söhne, 1959)
Großblumige Kletterrose, Höhe 2 bis 3 m. Feurigrot, nicht verblauend. Große, gut gefüllte und gut haltbare Blüten. Reichblühend und gut nachblühend. Starker, aufrechter Wuchs. Großes, dunkelgrünes Laub. Auch als Strauchrose verwendbar. Etwas duftend.

Guinée (Ch. Mallerin, 1938)
Kletternde Teehybride, Höhe 3 m. Schwärzlichrot, verblauend. Frühblühend. Mattglänzendes dunkelgrünes Laub. Gute Selbstreinigung, Hagebuttenansatz. Duftend.

Le Rêve (J. Pernet-Ducher, 1923)
Foetida-Hybride, Höhe 2,5 m, einmalblühend. Kanariengelb, kaum verblassend. Sehr früh blühend. Blühdauer fünf Wochen. Glänzend dunkelgrünes Laub. Selbstreinigend, selten Hagebuttenansatz. Sehr gute Resistenz gegen Mehltau und Sternrußtau. Etwas Duft.

New Dawn (Bösenberg – Somerset Rose Nurs., 1930)
Wichuraiana-Hybride, öfterblühend, Höhe 3 bis 4 m.

Rosa. Große, gefüllte Blumen stehen zu mehreren zusammen. Kräftiger Wuchs. Winterhart. Etwas duftend.

Paul's Scarlet Climber (W. Paul, 1916)
Wichuraiana- oder Multiflora-Hybride, einmalblühend, Höhe 4 bis 5 m. Leuchtend scharlachrot. Mittelgroße, halbgefüllte Blüten stehen zu mehreren zusammen. Reichblühend. Blütezeit bis zu vier Wochen anhaltend. Kräftiger, aufrechter Wuchs. Ohne Duft.

Rosenfest (GPG »Roter Oktober«, 1981)
Öfterblühende Kletterrose, Höhe 1,2 bis 2 m. Rosenrot, etwas verblauend. Hohe Blütenzahl je Trieb. Frühblühend. Kräftige Triebe, freistehend breit ausladend. Glänzend dunkelgrünes Laub. Gute Selbstreinigung. Sehr starker Hagebuttenansatz. Kein Duft.

Schwarzer Samt (Dr. E. Haenchen – Victor Teschendorff KG, 1969)
Kordesii-Hybride, dauerblühend, Höhe 2,5 bis 3 m. Samtig schwarzrot. Dunkelste Kletterrose im Sortiment. Ständig neue Blütenstände mit mittelgroßen, halbgefüllten, offenen Blüten bildend. Kräftiger, aufrechter Wuchs. Laub glänzend dunkelgrün. Auch als Strauchrose verwendbar. Kaum duftend.

Weiße New Dawn (W. Berger, 1959)
Wichuraiana-Hybride, öfterblühend, Höhe 3 m. Cremeweiße Blüten. Drei bis vier Blüten je Trieb, mitunter bis zu acht. Blühdauer 13 Wochen. Glänzend dunkelgrünes Laub. Gute Selbstreinigung. Hagebuttenansatz. Etwas Duft.

Strauchrosen

Abraxas (VEG S Baumschulen, 1973)
Lambertiana-Hybride; öfterblühend, Höhe 1,2 bis 1,5 m. Leuchtendrot. Große, gut gefüllte Blüten, die zu mehreren zusammenstehen. Wuchs kräftig, aufrecht. Großes dunkelgrünes Laub. Kaum duftend.

Arabella (VEG S Baumschulen Dresden, 1978)
Öfterblühende Strauchrose. Höhe 1,5 bis 2 m. Ein breiter, hell karminroter Rand verläuft zur Mitte nach Hellgelb. Die Außenseiten der Blütenblätter sind gelblich gefärbt.

Mittelgroße bis große, offene, halbgefüllte, zu mehreren zusammenstehende Blüten. Kräftig, aufrecht, mit langen kräftigen Trieben wachsend. Dunkelgrünes, dichtes Laub. Etwas duftend.

Bastei (Dr. J. Schmadlak – GPG »Im Lockwitztal«, 1977)

Kordesii-Hybride, Höhe 1 bis 2 m. Karmesinrote, zahlreiche, kleine, gefüllte Blüten. Gleichmäßig aufrecht wachsend. Dunkelgrünes Laub. Kaum duftend.

Berlin (W. Kordes' Söhne, 1949)

Lambertiana-Hybride, öfterblühend, Höhe 1,5 m. Scharlachrot mit gelber Mitte. Große, einfache Blüten in kegelförmigen Rispen auf langen Trieben. Kräftiger Wuchs. Winterhart. Ohne Duft.

Conrad Ferdinand Meyer (Dr. Müller, 1899)

Rugosa-Hybride, öfterblühend, Höhe 1,9 bis 2,2 m. Silbrigrosa Blüten, die etwas verblassen. Sehr früh blühend. Dunkelgrünes, kaum glänzendes Laub. Sehr robust, Frostschäden nur an Triebspitzen. Gute Selbstreinigung. Starker Duft.

Elmshorn (W. Kordes' Söhne, 1951)

Lambertiana-Hybride, öfterblühend, Höhe 1,5 bis 2 m. Hellrot. Mittelgroße, gefüllte Blumen stehen in großen Rispen. Reichblühend, guter Herbstflor. Wuchs aufrecht, geschlossen. Laub reichlich, glänzend. Kaum duftend.

Erfurt (W. Kordes' Söhne, 1939)

Lambertiana, öfterblühend, Höhe 0,9 bis 1 m. Blüte hell magentarot, zur Mitte gelblichweiß. Je Trieb 5 bis 20 Blüten. Blühdauer 18 Wochen. Triebe breit ausladend überhängend. Pflanze breiter als hoch. Glänzend dunkelgrünes Laub. Gute Selbstreinigung. Starker Hagebuttenansatz. Etwas Duft.

Feuerfunken (GPG »Roter Oktober«, 1979)

Strauchrose, öfterblühend, Höhe 1 bis 1,5 m. Zinnoberrote Blüten, auf der Rückseite scharlachrot. Blühdauer 17 Wochen. Etwas glänzendes Laub. Befriedigende Selbstreinigung. Starker Hagebuttenansatz. Kein Duft.

Fortissimo (GPG »Roter Oktober«, 1973)

TH., dauerblühend, Höhe 1 bis 1,5 m. Kräftig lachsrot. Edelrosengleiche Blüten. Starker, aufrechter Wuchs. Ohne Duft.

Frühlingsgold (W. Kordes' Söhne, 1937)
Pimpinellifolia-Hybride, einmalblühend, Höhe 2 bis 2,5 m. Hellgelb. Einfache, große Blüten, lange haltbar. Sehr reich- und frühblühend. Wuchs kräftig, buschig, etwas überhängend. Großes, hellgrünes Laub. Duftend.
Lichtblick (VEG S Baumschulen Dresden, 1972)
Öfterblühend, Höhe 1,2 bis 1,5 m. Rosa, nach Lachs und Gelborange neigend. Gut gefüllte, edelgeformte Blüten, in großen Rispen stehend. Kräftiger, aufrechter Wuchs. Dunkelgrünes, etwas glänzendes Laub. Ohne Duft.
Max Graf (Bowditch, 1919)
Bodendeckende Rose, einmalblühend. Höhe bis 4 m. Bengalrosa, etwas verblassende kleine Blüten. Sehr früh blühend. Blühdauer fünf Wochen. Sehr gesunder, winterharter und robuster Bodendecker mit Trieben bis zu 250 cm. Kein Hagebuttenansatz. Etwas Duft.
Omul (GPG »Roter Oktober«, 1973)
Öfterblühend, Höhe 1,5 bis 1,8 m. Gelb. Spitze Knospen. Edelgeformte, große, gefüllte Blüten. Wuchs aufrecht, buschig. Etwas duftend.
Schneewittchen (W. Kordes' Söhne, 1958)
Moschata-Hybride, Höhe 100 cm. Reinweiß. Gefüllte Blumen, die in großen Blütenständen zusammenstehen. Kräftig, aufrecht wachsend. Dunkelgrünes, glänzendes Laub. Triebe kaum bestachelt. Auch als Strauchrose verwendbar. Ohne Duft.
Varna (GPG »Roter Oktober«, 1979)
Strauchrose, öfterblühend. Höhe 0,95 bis 1,40 m. Scharlachorange, außen gelblichrosa. Sehr später Blühbeginn. Blühdauer 12 Wochen. Mittelgrünes glänzendes Laub. Starker Hagebuttenansatz.
Wartburg (GPG »Roter Oktober«, 1977)
Kordesii-Hybride, öfterblühend. Höhe 2,5 bis 3 m. Hellgelbe, rundliche, gefüllte Blüten. Breiter, ausladender Wuchs. Duftend.

Wildrosen, als Strauchrosen verwendbar

Rosa canina L., Hundsrose
Heckenrose. Höhe 2 bis 3 m, einmalblühend. Weiß, einige Formen auch rosa. Große, einfache Blüten. Zweige etwas überhängend. Zierende Früchte. Etwas duftend.
Rosa glauca Pourr. (syn.: *Rosa rubrifolia*)
Höhe 3 m. Auffallend bräunlichrote Blätter. Auch die schlanken Triebe sind braunrot gefärbt.
Rosa multiflora Thunb.
Höhe bis 3 m. Weiße, etwa 2 cm große Blüten. Große Blütenstände mit zierlichen, zahlreichen Blüten. Kletternder Wuchscharakter. Kleine, kaum erbsengroße Früchte.
Rosa rubiginosa L. (syn. *Rosa eglanteria*), Schottische Zaunrose, Weinrose
Höhe 2 bis 3 m. Hellrosa. Dunkelgrünes, nach Apfel duftendes Laub. Stark bestachelt. Scharlachrote Früchte.
Rosa rugosa Thunb., Kartoffelrose
Höhe 1 bis 2 m. Rosarot. Große Blüten. Dicke, stark stachlige und borstige Triebe. Typisch dunkelgrünes, runzeliges Laub, im Herbst auffallend gelb gefärbt. Große, flachkugelige Hagebutten. Sehr anspruchslos, wächst noch unter ungünstigen Bedingungen.

Zwergrosen

Baby Maskerade (Math. Tantau, 1955)
Höhe 30 bis 50 cm. Kupfergelbe Knospe, in Kupferrot übergehend, beim Aufblühen gelb mit kupferrotem Rand, ein Farbspiel wie bei der Polyantha-Hybride 'Masquerade'. Blüten klein, halbgefüllt, teils zu vielen in einem Blütenstand. Reichblühend. Buschiger Wuchs.
Minirosa (VEG S Baumschulen Dresden, 1976)
Höhe 30 bis 40 cm. Blüten rosa mit weißer Mitte. Kleinblumig, in großen Mengen. Breiter, gedrungener Wuchs. Glänzend frisches Laub.
Minirot (VEG S Baumschulen Dresden, 1976)
Höhe 20 bis 30 cm. Hellrot mit weißer Mitte. Kleine,

halbgefüllte Blüten. Gedrungener, breiter Wuchs. Glänzend frisches Laub.

Rosa rouletti (1839)
Reinrosa, kleinblumig, halbgefüllt.

Zwergkönig (W. Kordes' Söhne, 1954)
Höhe 20 bis 30 cm. Blutrot. Gut gefüllt. Zierliche Belaubung. Klein- und niedrigbleibend.

Zwergkönigin (W. Kordes' Söhne, 1955)
Höhe 25 bis 30 cm. Rosa. Zierliche kleine Blumen. Niedrigbleibend.

Zusammenstellung der beschriebenen Sorten, nach Farben geordnet

Mit der Zusammenstellung soll es dem Rosenliebhaber erleichtert werden, die Rosensorten nach den verschiedenen Farben auszuwählen. Es ist nicht immer leicht, die verschiedensten Abstufungen in ein solches Schema einzuordnen, variieren doch die Farben der Rosen recht weit.
Genauere Angaben sind jeweils unter der betreffenden Sortenbeschreibung zu finden.

Teehybriden (Gartenrosen)

weiß	*gelb gemischt*	*rosa gemischt*
Dezent	Beauté	Katrin
Kasbek	Gloria Dei	Permoser
Virgo	Goldenes Prag	
	Sutters Gold	*hellrot und dunkelrosa*
gelb		
Apollo	*hellrosa*	Ballet
Poiana	Michèle Meilland	Basilika
		Ovation
dunkelgelb	*rosa*	Texas Centennial
Citrina	Capistrano	Volcano
Spek's Yellow	Motiv	
	Profil	*orange*
	Salzaperle	Trend

orange gemischt
Alte Liebe

orangerot
Komet
Montezuma
Rakete
Roter Stern
Super Star

mittelrot
Bonjour
Ena Harkness
Festival
Izetka Spreeathen
Karl Herbst
New Yorker
Prof. Knöll
Symbol

dunkelrot
Chrysler Imperial
Josephine Bruce
Karneol-Rose
Sacramento
Vulkan

rot gemischt
Apart
Coronado
Kontrast
Nadja

fliederfarben
Delphin
Salzaquelle

Polyantha und Polyantha-Hybriden

weiß
Irene

gelb
Elbegold
Goldteppich

gelb gemischt
Petito
Raduga
Start
Trix

rosa
Charme

rosa gemischt
Fashion

orangerot
Aladin
Opus
Orange Triumph
Pilurett
Revolution
Salmon Perfection
Salzajubiläum

rot
Aspekt
Fanal
Hurrikan
Mephisto

dunkelrot
Elbeglut
Nina Weibull
Tantaus Überraschung

rot gemischt
Janos
Masquerade
Mosaik

rotbraun
Bernstein

Floribunda

weiß
Kristall
Weißes Meer

gelb
Sonnengold
Izetka Köpenicker Sommer
Sonne der Freundschaft

gelb gemischt
Hermann Berger
Reigen

hellrosa
Elizabeth-Rose
Florett
Inspiration
Odett

rosa
Referenz
Roletta
Rosa Sinfonie
Silberzauber
Transit

orangerot
Blickfang

Esprit
Juliska
Magnet
Meteor
Responso
Roko-Rose-Altenburg
Spartan

aprikosenfarbig gemischt
Präsent

rot
Elbfreude

dunkelrot
Effekt
Kosmos
Lilli

rot gemischt
Feuertaufe
Kombination
Papagena
Variant

lila
Baltik

Kletterrosen

weiß
Weiße New Dawn

gelb
Golden Climber
Golden Glow
Golden Showers
Le Rêve

rosa
Dorothy Perkins
Expreß
New Dawn

rot
Cl. Orange Triumph
Erfurt
Excelsa
Gruß an Heidelberg
Pauls Sc. Climber
Rosenfest

dunkelrot
Guinée
Schwarzer Samt

Strauchrosen

weiß
Schneewittchen

gelb
Frühlingsgold
Omul
Wartburg

rosa
Conrad Ferdinand Meyer

hellrot
Elmshorn

rosa gemischt
Erfurt
Lichtblick
Varna

orangerot
Fortissimo

rot
Abraxas
Bastei
Feuerfunken

rot gemischt
Arabella
Berlin

Pflanzung der Rosen

Standort

Die Rose braucht zu ihrer guten Entwicklung einen sonnigen Standort. Unter Bäumen, im Schatten, an der Nordseite von Gebäuden kümmert sie, die Pflanzen werden bald unansehnlich. Von Bäumen sollte ein größerer Abstand gehalten werden, weil die Baumwurzeln weit über die Kronentraufe hinausreichen und dort die Wasser- und Nährstoffversorgung für Rosen ungenügend ist. An Südwänden mit starker Wärmerückstrahlung treten manche Schädlinge und Krankheiten stärker auf. Das gilt auch für eingeschlossene Lagen mit mangelnder Luftzirkulation. Jedoch darf der Standort auch nicht stark zugig sein, wie häufig an Gebäudeecken und Mauerdurchbrüchen.

Bodenvorbereitung

Den Boden müssen wir vorbereiten, bevor die Pflanzen eintreffen.

Alle Rosen stellen hohe Ansprüche an die Nährstoff- und Wasserversorgung. Jedoch schadet ihnen übermäßige Nässe, insbesondere stauende Nässe, durch zu hohen Grundwasserstand oder flachliegende wasserundurchdringliche Schichten. Reiner Tonboden ist für Rosen ungeeignet. Aber in allen übrigen Böden gedeihen sie, sofern wir den Standort vorbereiten und nach der Pflanzung richtig pflegen. Ein normaler Gartenboden, der schon jahrelang in Kultur ist, bereitet die geringsten Schwierigkeiten.

Keinesfalls dürfen wir unmittelbar vor der Pflanzung Düngesalze oder frischen Stallmist, sei es Pferdedung, Kuhdung, Kaninchenmist oder Geflügeldung, dem Boden zusetzen. Die Wurzeln der Rosen sind sehr empfindlich gegen jeden frischen Mist. Nur gut verrotteter Mist, besser jedoch gut kompostierter Mist oder gute, frische Komposterde werden zur Verbesserung der Erde verwendet.

Wird ein Rosenbeet neu angelegt, dann ist der Boden etwa 50 cm tief zu lockern, d. h. zwei Spatenstiche tief. Dabei ist darauf zu achten, daß die Schichtung erhalten, der lebende Mutterboden also oben bleibt. Der oberen Schicht setzen wir zur Nährstoffanreicherung Kompost zu.

Bei Sandböden dürfen wir mit Kompost nicht sparen, denn die Umsetzungsvorgänge gehen hier rascher vonstatten als in schweren Böden. Die Nährstoffe werden im Sandboden zwar schneller zur Verfügung gestellt, sind aber auch schneller verbraucht. Sandboden trocknet auch schneller aus; doch können wir mit größeren Torfmengen, die einzubringen sind, Abhilfe schaffen. Torf erhöht die wasserhaltende Kraft des Bodens.

Bei schweren Böden genügt die Kompostgabe zur Lokkerung des Bodens. Aber auch hier ist Torf der besseren Durchlüftung wegen zu empfehlen.

Ist der Boden gut durchgearbeitet und mit den genannten Bodenverbesserungsmitteln versehen worden, so läßt man ihn einige Wochen bis zur Pflanzzeit liegen. Er hat sich dann wieder gesetzt, und die Hohlräume, die durch das Umgraben entstanden sind, haben sich geschlossen.

Unsere Rosen benötigen sehr viel Kalk; bei Kalkmangel kränkeln sie (der *p*H-Wert des Bodens für Rosen soll zwischen 6 und 7 liegen). Kalimangel zeigt sich sehr bald durch kleines, verkrüppeltes Laub und geringes Längenwachstum. Aus sandigen Böden wird Kali leicht ausgewaschen.

Kann der Boden für eine Neupflanzung mindestens drei Wochen vor der Pflanzung vorbereitet werden, so geben wir mit dem Kompost oder Torfmull eine Kalk-Kali-Gabe.

Ist der Termin versäumt und die Zeit zwischen Bodenvorbereitung und Pflanzung zu kurz, dann müssen wir mit der Kalk-Kali-Gabe bis zum folgenden Winter warten. Als Kaligabe dürfen wir jedoch nur chlorfreie Kalisalze verwenden, weil die Rose chlorempfindlich ist.

Im allgemeinen sind die Rosenwurzeln sehr empfindlich gegen mineralische Dünger. Eine Mineraldüngergabe unmittelbar beim Pflanzen zu geben, ist deshalb nicht ratsam und auch nicht nötig. Vor der Bildung neuer Wurzeln können die Nährstoffe von den Pflanzen gar nicht aufgenommen werden. Bei Bedarf gebe man den Mineraldünger erst, nachdem die Pflanzen eingewurzelt sind.

Behandlung der Rosen bei der Ankunft

Konnten wir die benötigten Rosenpflanzen am Ort kaufen, so werden wir mit ihrer Behandlung kaum Schwierigkeiten haben. Längerer Transport kann sich ungünstig auswirken. Aber auch wenn die Wegstrecke nur kurz ist, verpacken wir die Rosen so, daß die Wurzeln gegen das Austrocknen geschützt sind. Bei Frostwetter transportieren wir keine Rosenpflanzen, sofern sie nicht fest verpackt sind. Rosenwurzeln, die der Luft bei Kältegraden, und seien es auch nur wenige Grade unter Null, ausgesetzt sind, erfrieren sehr schnell. Die Pflanzen sind dann restlos verloren.

Abb. 5 Einstellen der Rosenpflanzen vor dem Einschlagen in ein Gefäß mit Wasser

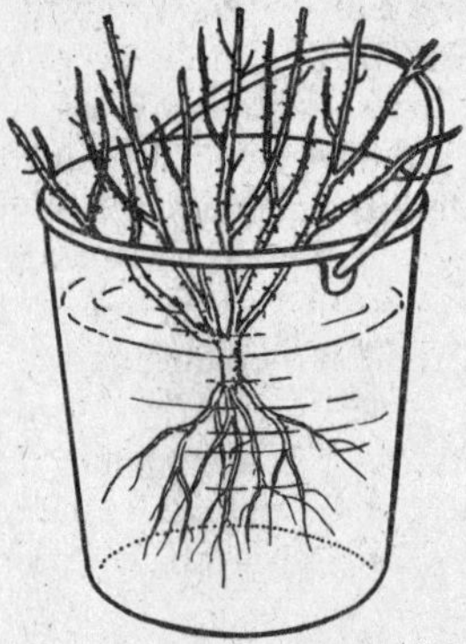

Grundsätzlich sei auch hier betont, daß Rosenpflanzen im gerodeten Zustand gegen falsche Behandlung sehr empfindlich sind. Solange die Wurzeln im Einschlag von feuchter Erde umgeben sind, kommt es nicht zu Schäden. Liegen sie aber nur kurze Zeit frei und sind Wind und Sonne ausgesetzt, dann vertrocknen die feinen Wurzeln rasch, ebenso die Rinde. Die Triebe solcher Pflanzen sind dann nicht mehr fest und prall, sondern geschrumpft. Jedoch erholen sich die Pflanzen wieder, wenn sie sofort einige Stunden (nicht tagelang) in ein Gefäß mit Wasser gestellt (Abb. 5) oder in den Keller gelegt und dort einige Tage durch Überbrausen feucht gehalten werden.

Fachmännisch fest in Stroh- oder Schilfballen, Folie oder Karton verpackte Pflanzensendungen können wochenlang unterwegs sein, ohne daß die Pflanzen Schaden erleiden. Versenden doch die Baumschulen auch ins Ausland, wobei die Sendungen mitunter bis zu vier Wochen unterwegs und starken klimatischen Unterschieden ausgesetzt sind.

Vor dem Verpacken werden die Wurzeln möglichst in Lehmbrei getaucht, damit die Pflanzen genügend feucht bleiben. Auch werden sie sorgfältig und fest verpackt, und zwischen die Wurzeln wird Torf oder Moos eingestreut, damit die Wurzeln während des Transportes genügend feucht bleiben. Die Verpackung selbst wird fest ausgeführt, um ein Austrocknen der Sendung zu verhüten.

Unmittelbar nach dem Empfang packen wir das Kolli aus und überprüfen die Sendung auf Stückzahl und Qualität. Handelt es sich um kleine Posten, zögern wir nicht lange, um sie an Ort und Stelle zu pflanzen. Größere Posten, die wir nicht sofort pflanzen können, werden möglichst tief in Erde eingeschlagen, nachdem die Bunde gelöst wurden, damit möglichst alle Wurzeln mit Erde in Berührung kommen. Vorher gießen wir die Wurzeln noch an. Die Erde muß fest angetreten werden, damit keine Hohlräume im Boden bleiben und die Wurzeln vertrocknen.

Die Pflanzen können auch ohne Gefahr einige Tage vor dem Pflanzen in einem kühlen Keller aufbewahrt werden. Dort hält man sie durch wiederholtes Übersprühen feucht.

Trifft eine Sendung bei Frostwetter ein und müssen wir annehmen, daß die Pflanzen eingefroren sind, dann dürfen wir die Sendung nicht öffnen. Das Kolli lagern wir in diesem Falle so, wie es eingetroffen ist, an einem kühlen Ort, dessen Temperatur nur wenige Grade über Null beträgt. Erst wenn diese geringen Wärmegrade die Sendung völlig durchdrungen haben und die Pflanzen aufgetaut sind – erst nach Tagen wird das der Fall sein –, können wir die Sendung auspacken.

Nur wenn wir so handeln, lassen sich die Pflanzen erhalten. Die feste Verpackung wirkt so, als ob sich die Wurzeln in der Erde befänden. Im Boden frieren ja die Rosenwurzeln auch mitunter durch und durch, ohne deswegen abzusterben. Allerdings findet im Boden das Auftauen auch nur sehr langsam statt, die Wurzeln werden nicht plötzlich höheren Wärmegraden ausgesetzt, wie es geschehen würde, wenn wir die eingefrorene Sendung bei höherer Temperatur auspackten. Selbst stark eingefrorene Pflanzensendungen können wir durch richtige Maßnahmen retten.

Ob die gelieferten Rosen gesund sind, können wir leicht feststellen. Mit dem Messer oder Fingernagel kratzen wir die Rinde von den Wurzeln in der Nähe des Wurzelhalses leicht ab. Gesunde Wurzeln müssen unter der Rinde gelb bis weiß sein. Sind sie dunkelbraun oder gar schwarz, dann sind sie vertrocknet oder erfroren. Das Holz der Triebe unter der grünen Rinde muß ebenfalls weißlich sein; es darf nicht braun sein. Die Rinde der Triebe darf nicht eingeschrumpft sein.

Auch die Qualitätsmerkmale lassen sich leicht überprüfen; die Gütebestimmungen für Rosenpflanzen sind für alle Rosenlieferanten verbindlich.

Gütebestimmungen für Rosenpflanzgut

Im Interesse des Verbrauchers wurden Gütebestimmungen verbindlich festgelegt, die ihn vor Übervorteilung schützen sollen. Die Gütebestimmungen sind auch ohne ausdrückliche Vereinbarung Vertragsinhalt.

Während der Anzucht sind die Pflanzen den verschiedensten Wachstumsbedingungen ausgesetzt. Nicht nur die Boden- und Klimaverhältnisse, sondern auch die Veredlungsunterlagen sowie die der Sorte eigenen Wuchseigenschaften prägen das Wachstum der einzelnen Pflanze. Die Wachstumseinflüsse bedingen unterschiedliche Triebdicke und Bewurzelung. Ebenso sind Schäden durch Schädiger oder mechanische Verletzungen unter Umständen für die Einschätzung der Qualität maßgeblich. Alle diese Faktoren wurden bei der Festlegung der Gütebestimmungen berücksichtigt. Für den Verbraucher ist es wichtig, die Gütebestimmungen zu kennen. Nur dann kann er selbst einschätzen, ob die Leistung vertragsgemäß erfolgte.

Qualitätsvorschriften (TGL 7791/01)

Die Qualitätsvorschriften für Rosenpflanzgut werden in der TGL 7791/01 Rosenpflanzgut festgelegt.
Für Rosenpflanzgut wird nach TGL gefordert:
Frei von visuell erkennbaren Krankheits- und Schädlingsbefall sowie mechanischen Schäden, frei von Rindenschrumpfungen, der Bezeichnung entsprechend, Trieblänge entsprechend den sortenbedingten Wuchseigenschaften entwickelt.
Für Buschrosen wird weiter gefordert:
Einjährige Veredlung, Triebe ausgereift, Wurzeln verzweigt, Wurzeln mindestens 8 cm, zum Verkauf entblättert.

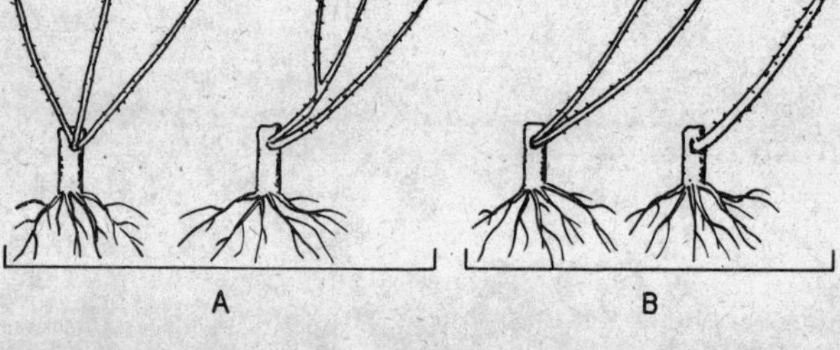

Abb. 6 Güteklassen der Buschrosen

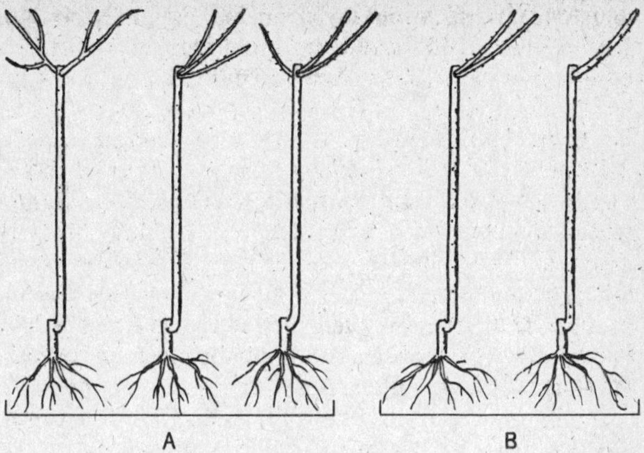

Abb. 7 Güteklassen der Stammrosen

Güteklasse A: Triebanzahl 3, davon 2 aus der Veredlungsstelle und 1 Trieb höchstens 10 cm darüber entstanden.
Güteklasse B: Triebanzahl 2, davon 1 aus der Veredlungsstelle und 1 höchstens 10 cm darüber entstanden.
Für Stammrosen wird gefordert:
Einjährige Krone aus einer oder zwei annähernd gegenüberliegenden Veredlungen entstanden, zum Verkauf entblättert, Stamm kräftig und gerade, Wurzeln verzweigt, Mindestwurzellänge 8 cm.
Güteklasse A: mindestens 3 Triebe
Güteklasse B: mindestens 2 Triebe

Stammhöhe:
Gemessen zwischen Wurzelhals und Kronenansatz

	Stammhöhe cm
Stammrosen	50 bis 75
	über 75 bis 100
	über 100 bis 120
	über 140 bis 160
	über 160

Für Topfrosen wird gefordert:
Pflanzen mit gut durchwurzeltem Topfballen, Mindest-

topfgröße 11 cm, Mindesttrieblänge 15 cm, bei Zwergrosen Mindesttrieblänge 10 cm, mindestens 3 Triebe, bei Blühware außerdem mindestens 3 farbezeigende Blütenknospen.

Pflanzen

Pflanzzeit

Die Herbstpflanzung in den Monaten Oktober, November, bei frostfreiem Wetter auch im Dezember, ist für Busch- und Kletterrosen der Frühjahrspflanzung in den Monaten März bis Anfang Mai vorzuziehen. Stammrosen erfordern bei der Herbstpflanzung mehr Überwinterungsarbeit. Allein aus diesem Grunde kann man hier die Frühjahrspflanzung bevorzugen. Der Vorteil der Herbstpflanzung liegt darin, daß die Pflanzen bei günstigen Bodentemperaturen mitunter schon im Herbst neue Wurzeln bilden. Selbst sehr spät im Herbst gepflanzte Rosen zeigen im ersten Jahr eine bessere Wuchsfreudigkeit, weil gleich mit Beginn der Vegetation die Wurzelbildung einsetzen kann.

Es ist jedoch müßig, den Rosenlieferanten auf sehr zeitige Lieferung zu drängen. Wie jede Pflanze bedarf vor allen Dingen die empfindliche Rose eines gewissen Reifezustandes, bevor sie aus den Anzuchtquartieren gerodet werden kann. Das Datum des Rodens ist nicht feststehend, sondern richtet sich nach den vorausgegangenen Witterungsverhältnissen. Zu früh aus dem Boden genommene, nicht ausgereifte Rosen sind im Holz noch zu weich. Mitunter faulen die Triebe dann schon auf dem Transport oder vertrocknen nach dem Pflanzen. Um unseres eigenen Vorteils willen müssen wir deshalb Geduld üben.

Alle im Herbst nicht zum Versand gelangenden Rosenpflanzen werden in den Rosenschulen in kühlen Rosenüberwinterungsräumen überwintert. Bei der dort herrschenden geringen Temperatur treiben die Augen nicht so früh wie im Freien aus, und die Rosenpflanzen lassen sich gut bis Anfang Mai versenden und pflanzen. Ein sicheres Anwachsen ist auch bei der Frühjahrspflanzung gewährleistet, wenn die Rosenpflanzen eine sorgfältige Winterbehandlung in der Rosenschule erhalten haben.

Immer mehr werden jetzt Rosen, die im Topf gezogen wurden und in Container gepflanzte Rosen angeboten. Sofern diese wirklich gut durchwurzelte Wurzelballen haben, können sie ohne Bedenken jederzeit, sofern der Boden nicht gefroren ist, gepflanzt werden.

Pflanzabstände

Bei unserer Planung für die Pflanzung von Rosen müssen wir bereits die Wuchseigenschaften der einzelnen Rosenklassen und Sorten berücksichtigen.

Eine etwas engere Pflanzweise hat sich ganz vorzüglich bewährt. Im Sommer soll sich auf dem Rosenbeet ein geschlossenes Blätterdach bilden, und zwar sollen die Pflanzen selbst den Boden beschatten. Wir erreichen damit die sogenannte Schattengare, die sich auf das Bodenleben besonders günstig auswirkt. Sind die Zwischenräume zwischen den einzelnen Pflanzen zu groß, dann besteht die Gefahr, daß durch Sonneneinstrahlung und Hitzeeinwirkung der Boden zu stark austrocknet. Durch das Beschatten des Bodens wird auch der Unkrautwuchs vermindert.

Buschrosen, gleich ob Teehybriden oder Beetrosen, wird man in Abständen von 30 bis 40 cm pflanzen, auf den laufenden Meter also etwa 3 Stück oder je Quadratmeter 7 bis 10 Pflanzen. Bei Beetpflanzungen, gleich ob

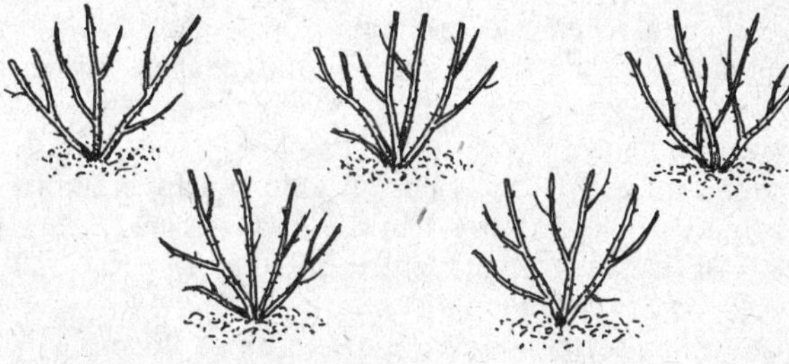

Abb. 8 Pflanzung im Verband

es Busch- oder Stammrosen sind, pflanzt man diese immer im Verband (auf Lücke).

Stammrosen werden in einem Abstand von mindestens 60 cm, besser jedoch 75 cm nach allen Seiten gepflanzt. Auf langen schmalen Rabatten mit zwei oder mehreren Reihen Stammrosen ist es jedoch besser, Reihenabstände von 1 bis 1,2 m zu wählen. Dadurch ist eine bessere und leichtere Bearbeitung solcher Rabatten gewährleistet.

Kletterrosen sind entsprechend ihrer Abstammung sehr unterschiedlich in der Wüchsigkeit. Im allgemeinen genügt ein Abstand von 1,50 m, so bei den Hauptsorten 'Paul's Scarlet Climber' und 'New Dawn' und bei den Sorten der Climbing-Klasse sowie den zweimal blühenden. Die wüchsigen Kletterrosen finden wir in der Klasse der Wichuraiana, bei denen ein Abstand von 2 m vorgesehen wird.

Strauchrosen werden heute meist in Gruppen gepflanzt. Die beste Wirkung wird erzielt, wenn hierbei sortenweise kleine oder größere Gruppen gebildet werden. Das gilt auch bei der Verwendung vor Gehölz- oder Koniferengruppen. Dabei soll jeder Pflanze ein Standraum von mindestens 1 bis 1,5 m^2 zugestanden werden.

Pflanztechnik

Bevor wir mit der Pflanzarbeit beginnen, muß der Boden gut abgetrocknet sein; er darf keinesfalls mit Feuchtigkeit gesättigt sein. Durch das Festtreten des Bodens an die Pflanze würde der nasse Boden zu sehr verdichtet und der Luft- und Wasserhaushalt des Bodens gestört.

Die Pflanzlöcher in dem bereits vorher gut bearbeiteten Boden müssen so tief und breit ausgehoben werden, daß die Wurzeln bequem Platz haben, sie dürfen nicht gebogen werden.

Beim Pflanzen bringt man auf keinen Fall Stallmist oder anderen Dünger direkt in die Pflanzlöcher. So gut diese Gaben gemeint sind, so verhindern sie doch, daß die Rosen neue Wurzeln bilden.

Die Rosenpflanzen dürfen außerhalb des Bodens keinesfalls längere Zeit dem Wind oder der Sonne ausgesetzt

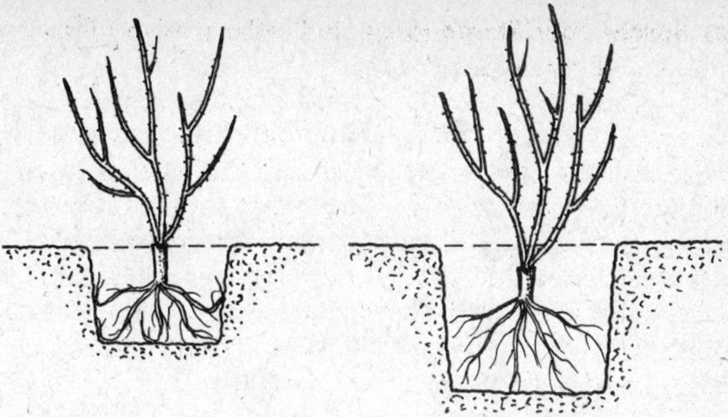

Abb. 9 Das Pflanzloch muß so groß sein, daß die Wurzeln nicht gebogen werden und die Veredlungsstelle 2 bis 5 cm in den Boden kommt (links falsch, rechts richtig).

sein. Schon an anderer Stelle wurde erwähnt, daß die Rosenpflanzen gegen das Austrocknen sehr empfindlich sind. Es werden nicht mehr Pflanzen aus dem Einschlag genommen, als in kürzester Frist gepflanzt werden können. Unter Umständen begießen wir die Wurzeln nochmals, bevor sie in die Erde kommen. Niemals dürfen die Wurzeln vor dem Pflanzen trocken werden. Bei Wind und starker Sonneneinstrahlung lagern wir die Pflanzen deshalb im Schatten und decken sie mit einem feuchten Sacktuch ab. Bei Temperaturen unter null Grad darf nicht gepflanzt werden, weil Rosenwurzeln besonders frostempfindlich sind.

Bevor wir pflanzen, werden die Wurzeln mit einer scharfen Gartenschere zurückgeschnitten. Je nach der Be-

Abb. 10
Wurzelschnitt

schaffenheit des Wurzelsystems lassen wir der Pflanze Wurzeln von 25 bis 30 cm Länge. Es ist nicht erforderlich, jede Wurzel einzeln zu beschneiden. Man nimmt die gesamte Wurzelkrone, sofern man sie fassen kann, in die eine Hand und schneidet mit ein bis zwei Scherenschnitten die Wurzeln glatt. Lediglich die beim Roden stark beschädigten oder gebrochenen Wurzeln behandeln wir einzeln. Die Praxis hat gezeigt, daß es nicht erforderlich ist, mit einem scharfen Messer jede einzelne Wurzel mit einem nach unten gerichteten Schnitt zu versehen, wie es auch heute noch vielfach gelehrt wird.

Die Pflanzen werden so in das Pflanzloch hineingehalten, daß die Wurzeln möglichst gleichmäßig verteilt sind und nicht umgebogen werden. Die Pflanztiefe halte man so, daß die Veredlungsstelle, das ist die Stelle, an der die Verzweigung am Wurzelhals ansetzt, zwei bis fünf Zentimeter unter die spätere Erdoberfläche kommt. Dazu ist es erforderlich, die Pflanzen zunächst etwas tiefer in das Pflanzloch hineinzuhalten, so daß man beim Einfüllen der Erde die Pflanzen etwas nach oben ziehen kann und die Erde dabei alle Zwischenräume besser ausfüllt. Empfehlenswert ist es, die Wurzeln mit den Händen einzufüttern. Durch festes Andrücken der Erde werden die auftretenden Hohlräume im Boden beseitigt. Ist genügend Erde aufgefüllt, dann wird die Erde mit dem Absatz nochmals rings um die Pflanze fest angetreten, aber nicht festgestampft. Wurden die Rosenpflanzen sorgfältig und genügend fest eingepflanzt, so wird sich bei der Herbstpflanzung das Angießen erübrigen, falls die Wurzeln, wie es beschrieben wurde, genügend feucht in den Boden kamen. Dagegen ist nach der Frühjahrspflanzung, besonders wenn sie sehr spät erfolgte, reichlich und durchdringend zu wässern. Bei der Herbstpflanzung werden die Rosen unmittelbar nach dem Pflanzen gut angehäufelt. Auch bei der Frühjahrspflanzung sollte man nach dem Angießen, nachdem der Boden etwas abgetrocknet ist, anhäufeln. Wir schützen damit die Triebe vor Frost und Austrocknung, zumal die Wurzeln noch nicht in der Lage sind, die Triebe mit genügend Wasser zu versorgen. Steht genügend Erde zum Anhäufeln zur Verfügung, dann wird etwa 20 cm hoch angehäufelt. Je enger gepflanzt wurde, um so weniger Erdreich ist zum Anhäufeln verfügbar. In diesem Falle können wir mit Anschütten von Komposterde (jedoch nur gut verrotteter) oder Torf nachhelfen. Im Frühjahr, wenn stärkerer Frost nicht mehr zu erwarten ist, wird bei trübem Wetter die angehäufelte Erde entfernt, bei im Frühjahr gepflanzten Rosen, sobald sie zu treiben beginnen.

Pflanzschnitt

Der Pflanzschnitt ist wichtig für das Anwachsergebnis. Grundsätzlich werden den Rosen aller Klassen im Herbst die Triebe belassen. Bei stark zurückgeschnittenen Trieben besteht Gefahr, daß der Frost in die Wunde eindringt. Das tiefe Herunterfrieren kann u. U. die ganze Pflanze gefährden.

Der Pflanzschnitt wird bei im Herbst gepflanzten Rosen im Frühjahr nach Beseitigung des Winterschutzes durchgeführt. Bei Rosen, die im Frühjahr gepflanzt werden, schneidet man unmittelbar vor dem Pflanzen.

Den meisten Rosenfreunden scheint jeder Schnitt zu rigoros. Und weil man glaubt, die kräftigen Triebe schonen zu müssen, die doch so schön gewachsen sind, zögert man mit dem Rückschnitt. Wie oft erlebt man diesen großen Fehler beim Pflanzen. So oft ein Rosenfreund über schlechtes Anwachsen oder gar über das Eingehen von Rosenpflanzen klagt, soll man ihm die Frage über den

Abb. 11
Beim Pflanzschnitt werden die Triebe auf 3 bis 4 Augen zurückgeschnitten.

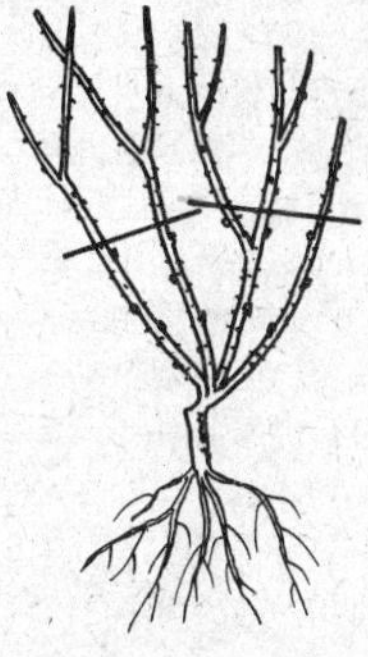

durchgeführten Pflanzschnitt stellen. In den allermeisten Fällen stellt sich dann heraus, daß der Pflanzschnitt eben nicht durchgeführt wurde. Vielfach kann in einem solchen Fall der Pflanzschnitt nachgeholt werden, sofern die Pflanzen noch am Leben sind.

Der unerfahrene Laie läßt sich meist durch den kräftigen Durchtrieb ungeschnittener Pflanzen täuschen und wiegt sich im Glauben, richtig gehandelt zu haben. Fast aus jedem Auge entwickelt sich auf Grund der im Trieb vorhandenen Reserven ein junger Trieb. Sobald diese Triebe Blättchen gebildet haben, benötigen sie bei ansteigender Wärme zunehmend mehr Wasser zu ihrer Erhaltung. Die Wurzeln, die sich zunächst erst einmal neu bilden müssen, können jedoch den Wasserbedarf der oberirdischen Teile noch nicht decken. Die so schön schnell und kräftig ausgetriebenen Blätter welken, die zu lang gebliebenen Triebe vertrocknen, und die gesamte Pflanze stirbt schließlich ab. Wir schneiden deshalb die Triebe im Frühjahr unbedingt sehr kurz zurück. Bei Buschrosen und auch bei Stammrosen werden die Triebe auf 3 bis 4 Augen geschnitten. Strauch- und Kletterrosen beläßt man nur die 3 bis 4 kräftigsten Triebe, und diese kürzt man außerdem auf eine Länge von 20 bis 30 cm ein.

In diesem Zusammenhang taucht immer wieder die Frage auf, warum die Baumschulen denn überhaupt die scheinbar unnützen langen Triebe mit zum Versand bringen. Oft wird sogar der Versand pflanzfertig geschnittener Pflanzen gefordert. Der erfahrene Baumschüler muß dies aus mancherlei Gründen ablehnen. Es ist nicht nur die Mehrbelastung an Arbeitszeit. Aus der Trieblänge und Triebdicke läßt sich sehr leicht auf die Qualität schließen, auch läßt sich der Reifezustand der gerodeten Pflanzen besser beurteilen. Pflanzfertig geschnittene Pflanzen können nicht mehr einwandfrei nach den Gütebestimmungen beurteilt werden. Die ungeschnittenen, längeren Triebe sind elastischer, biegsamer, die Verpackung ist leichter durchzuführen, ohne daß Bruchgefahr besteht. Der wichtigste Grund ist jedoch der folgende: Die in der Nähe der Veredlungsstelle befindlichen Augen – und diese Augen müssen unbedingt erhalten bleiben – treiben normalerweise zuletzt aus. Dies ist besonders zu beachten, wenn ein Transport länger dauert. Selbst im dichtgeschlossenen Kolli treiben mitunter die obersten Augen an den Triebspitzen aus. Rückschnitt vor dem Versand würde die untersten Augen zum Austreiben anregen, und es bestünde die Gefahr, daß die jungen Triebe abbrechen. Aber selbst wenn sie erhalten blieben, wären sie so verweichlicht, daß sie absterben würden. Auch wenn dann später die Beiaugen austrieben, so würde dies doch einen wesentlichen Zeit- und Vegetationsverlust bedeuten.

Pflanzen der Stammrosen

Was bisher vom Pflanzen der Buschrosen gesagt wurde, gilt sinngemäß auch für die Stammrosen. Allerdings ist dabei mehr zu beachten. Wir müssen uns bereits vor dem Pflanzen überlegen, nach welcher Seite der einzelne Stamm zum Winterschutz umgelegt werden soll. Zunächst pflanze man grundsätzlich alle Stämme etwas schräg in diese Richtung. Außerdem richten wir unser Augenmerk auf den Stammansatz an der Wurzel. Der Stamm muß so gepflanzt werden, daß er im leichten Bogen über den Wurzelhals hinweg – meist ist es eine ehemalige Schnittfläche – gebogen werden kann. Wird der Stamm in entgegengesetzte Richtung umgebogen, dann bricht er oft an der Ansatzstelle ab.

Abb. 12 Die Stämme werden nach dem Pflanzen umgelegt.

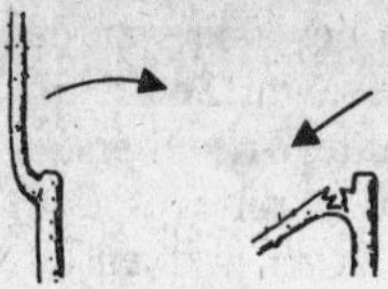

Abb. 13 Der Stamm wird über die Schnittfläche am Wurzelhals hinweggebogen (links), sonst bricht er (rechts).

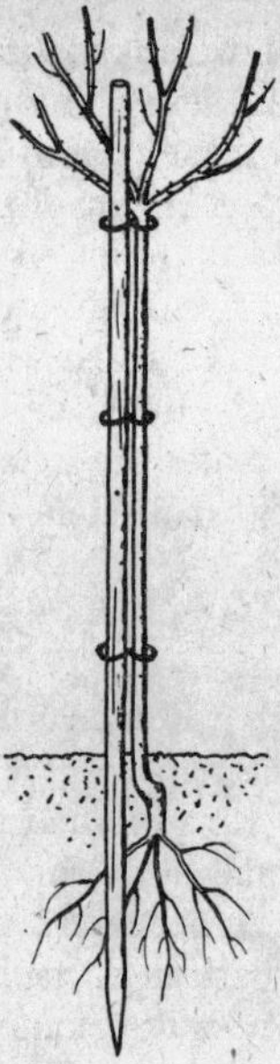

Abb. 14 Jede Stammrose erhält einen Pfahl.

Jede Stammrose muß einen Pfahl erhalten. Die Stämme sind zu schwach, um die starken Kronen allein zu tragen. Nach Möglichkeit schlägt man den Pfahl bereits vor dem Pflanzen in das Pflanzloch ein. Der Pfahl muß so lang sein, daß er noch in die Krone hineinragt. Reicht der Pfahl nicht bis in die Krone, dann bricht diese beim nächsten Regen oder bei stärkerem Sturm aus.

Bei der Herbstpflanzung werden die Rosenstämme unmittelbar nach dem Pflanzen niedergelegt und mit Erde behäufelt. Aber auch bei der Frühjahrspflanzung sollte man, wenn auch die Pfähle schon gesetzt sind, die Kronen noch 2 bis 3 Wochen, bis sich der Austrieb regt, in die Erde legen. Dazu werden die Stämme, wie oben beschrieben, über die Schnittstelle des Wurzelhalses heruntergebogen und die Krone mit Erde bedeckt. Nach dem Aufnehmen der Krone wird der Stamm zunächst nur lokker an den Pfahl gebunden, damit sich die Pflanze mit der Erde setzen kann. Sind die Stämme zu fest angebunden, dann können sie diese Bewegung nicht mitmachen, sie bleiben hängen, und die Wurzeln stehen schließlich hohl. Erst nach dem endgültigen Setzen der Erde werden die Stämme fest angebunden. Dabei wird vor allem die Krone unmittelbar an der Veredlungsstelle am Pfahl befestigt.

Verpflanzen älterer Rosen

Mitunter muß der Platz, auf dem Rosen stehen, einem anderen Verwendungszweck nutzbar gemacht werden, oder es hat sich herausgestellt, daß der Standort für Rosen ungünstig ist. In solchen und ähnlichen Fällen steht der Gartenfreund vor der Frage, ob alte Rosen verpflanzt werden können. Grundsätzlich ist es möglich. Beim Umpflanzen sind alle die Hinweise zu beachten, welche für die Neupflanzung gegeben worden sind (siehe S. 64ff.). Das Umpflanzen kann also im Herbst oder Frühjahr erfolgen. Unerläßlich ist der Rückschnitt. Hierbei werden schwache Triebe ganz entfernt und die gut entwickelten, jüngeren Triebe stark zurückgeschnitten. Sind dicke, verholzte Triebe vorhanden, so können diese ganz entfernt werden, falls genügend jüngere Triebe vorhanden sind. Im Herbst muß außerdem vor dem Einpflanzen das restliche grüne Laub von den Trieben entfernt werden.

Im Herbst wie im Frühjahr wird angehäufelt und diese Erde erst dann entfernt, wenn sich der Austrieb zeigt.

Pflege der Rosen

Winterschutz

Im Laufe der letzten Jahrzehnte haben die Rosenzüchter der Frostwiderstandsfähigkeit neuer Sorten mehr Beachtung geschenkt als vordem. Besonders in den letzten Jahren sind Sorten in den Handel gekommen, die wesentlich widerstandsfähiger sind als die vor etwa 50 Jahren entstandenen. Trotzdem kommen wir in unserem Klima noch nicht ohne Winterschutz aus.

Bei wieviel Grad Kälte Rosen erfrieren, läßt sich nicht allgemeingültig sagen. Die in den strengen Frostwintern der letzten Jahrzehnte aufgetretenen Frostschäden bei Rosen brachten manche betrübliche Überraschung, aber auch Aufschluß über die Umstände, die zum Erfrieren führten. Maßgebend für die Frostwiderstandsfähigkeit ist der Reifezustand der Rosen im Herbst. Bei besonders schönem, mildem Herbstwetter, wenn die Rosen noch bis Weihnachten Blüten bringen, können sie ihr Wachstum nicht abschließen. Diese noch im Trieb befindlichen, wasserreichen Pflanzenteile sind aber bei plötzlich einbrechender starker Kälte besonders gefährdet.

Folgt trübes, feuchtes und kühles Wetter, dann halten sich die Schäden meist in Grenzen. Schließt sich jedoch klares Wetter mit starker Sonneneinstrahlung und Trokkenheit an, dann kommt es zu besonders starken Frostschäden. Mitunter genügen aber auch zahlreiche starke Temperaturschwankungen zwischen Tag und Nacht, wobei die Temperatur nicht einmal allzu tief zu sinken braucht, um Frostschäden zu verursachen. Erkennbar werden diese Schäden erst nach geraumer Zeit durch das Braunwerden von Rinde und Mark.

Seltener erfriert der Wurzelstock. Bei starken, lang anhaltenden Barfrösten und meist dann, wenn noch eine späte Bodenlockerung erfolgte, können die Wurzeln, besonders bei der Unterlage *Rosa multiflora*, erfrieren. Das bedeutet stets den Verlust der Pflanzen. Als besonders frostgefährdet gelten dic meisten gelben Teehybriden. Oft treiben derart frostgeschädigte Rosen auf Grund der in den Trieben gespeicherten Reservestoffe im Frühjahr aus, sterben aber noch vor dem Blühbeginn ab. Die Wurzeln können nicht für Nachschub sorgen.

In Anbetracht aller dieser Möglichkeiten, vor allem des Unvermögens, die Entwicklung des bevorstehenden Winters und die Auswirkungen auf die Rosenpflanzen vorauszusagen, müssen wir für Winterschutz sorgen. Wurden die Rosen – wie heute üblich – tief gepflanzt, so daß die Veredlungsstelle mindestens 2 cm unter die Erdoberfläche kommt, dann erübrigt sich im allgemeinen das Anhäufeln. Wird es dennoch für nötig erachtet, dann sollte diese Arbeit möglichst nicht vor Mitte November, am besten kurz bevor starke Kälte eintritt, erfolgen. Späteres Anhäufeln verstärkt die Gefahr, daß Wurzeln erfrieren. In milden Spätherbsten werden die Wurzeln, die bei tieferer Bodenbearbeitung in ihrer Länge gekürzt worden sind, zu neuem Wachstum angeregt. Der Neutrieb reift aber nicht mehr aus und erfriert bei plötzlich eintretenden Barfrösten besonders leicht. Wesentlich günstiger ist es, die Pflanzen mit gut verrottetem Kompost, der sonst im Frühjahr auf die Beete gebracht wird, 10 bis 20 cm hoch anzuhäufeln.

Auch reichlich mit Torf vermengte Komposterde ist gut geeignet. So können wir die Triebe schützen, ohne daß das Wurzelwerk gestört wird. Außerdem kommt die Komposterde im Frühjahr nach dem Abhäufeln schneller zur Wirkung.

Eine leichte Decke aus Fichtenreisig, über die Pflanzen gelegt, bietet den besten Schutz. Nicht etwa die Kältegrade sollen oder können dadurch gemildert werden. Wichtig ist vielmehr, daß durch Reisig die Temperaturschwankungen gemindert und die Sonneneinstrahlung abgehalten werden. Ferner wird im Frühjahr dem vorzeitigen Austrieb vorgebeugt.

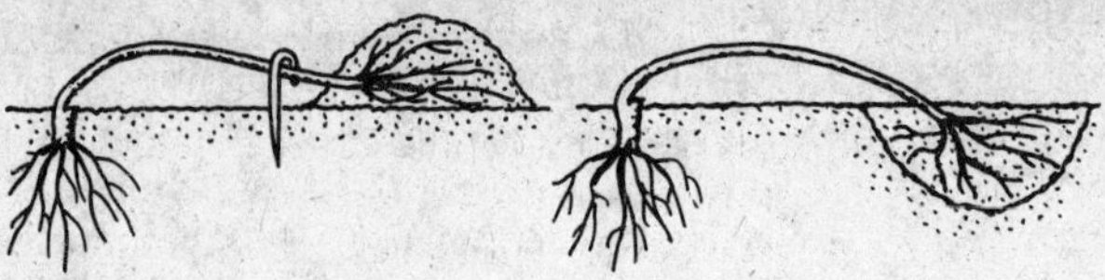

Abb. 15 Niederlegen der Stämme zur Überwinterung (links richtig, rechts falsch)

Fichtenreisig hat gegenüber anderem Abdeckungsmaterial, wie Schilf und Stroh, den Vorteil, daß es im Frühjahr die Nadeln abwirft. So kommt es zu einer allmählichen Auflockerung der Decke, die Pflanzen erhalten nach und nach mehr Luft und Licht und passen sich den normalen Verhältnissen an.

Es sei davor gewarnt, eine zu dichte Winterdecke aufzubringen. In diesem Fall kann mehr Schaden durch Fäulnis als durch Kälteeinwirkung entstehen. Unter einer solchen warmen Decke suchen auch Mäuse sehr gern Zuflucht und richten schweren Schaden durch Abfressen der grünen Rinde unmittelbar über der Erdoberfläche an.

Die Triebe der Kletterrosen werden am besten abgebunden, auf den Boden niedergelegt und leicht mit Erde bedeckt. Diese Winterschutzmaßnahmen verursachen viel Arbeit und Mühe. Einfacher ist es, die Spaliere mit Fichtenreisig oder leichten Schilfmatten zu bedecken.

Stammrosen sind frostempfindlicher als Buschrosen. Dem Winterschutz der Stammrosen ist deshalb mehr Aufmerksamkeit zu widmen. Das Niederlegen der Stämme ist arbeitsaufwendig, aber die sicherste Methode. Mitte November sind die Rosen gewöhnlich so ausgereift, daß wir an das Einwintern denken können. Wie bei den Buschrosen führt zu frühes Einwintern leicht zu Fäulnisschäden an den Trieben.

Sollten sich in der Krone noch weiche, unausgereifte Triebe befinden, die meist bei zu spät durchgeführtem Blumenschnitt entstehen, so müssen diese herausgeschnitten werden. Auch noch vorhandene Knospen, Blüten und Blätter werden entfernt, um die Fäulnisgefahr zu mindern. Im übrigen bleiben alle ausgereiften Triebe der Krone in der gesamten Länge ungeschnitten.

Beim Pflanzen der Stämme hatten wir bereits berücksichtigt, in welche Richtung wir den Stamm niederlegen müssen. Das Niederlegen soll stets über die am Fuße des Stammes verbliebene Zapfenschnittstelle erfolgen. Biegen wir in entgegengesetzter Richtung, besteht die Gefahr, daß der Stamm abbricht (vgl. Abb. 13). An der Seite, nach welcher der Stamm umgelegt werden soll, wird die Erde vorsichtig bis an die Wurzel beseitigt. Der Stamm läßt sich dann leichter herunterbiegen. Mit einem Holzhaken – aus einer Astgabel selbst gefertigt – oder mit zwei sich über dem Stamm kreuzenden Stöckchen wird der Stamm am Boden festgehalten. Die Krone soll flach auf dem Boden zu liegen kommen. Sie wird nicht eingegraben, weil sonst durch zu hohe Feuchtigkeit Fäulnis entstehen kann, sondern Krone und Stamm werden nach dem Niederlegen mit Erde angehäufelt. Bei stärkeren Stämmen genügt es, nur die Krone mit Erde zu bedekken, der Stamm muß aber mit Fichtenreisig geschützt werden. Die Erde zum Bedecken der Krone entnehme man nicht dem Boden in der Nähe der Wurzeln, weil diese sonst Frostschäden erleiden können.

Alte Pflanzen mit sehr starken Stämmen lassen sich nicht mehr niederlegen. Bei diesen bindet man Stamm und Krone leicht mit Fichtenreisig, Schilf, Stroh oder luftdurchlässigen leichten Matten ein und bringt als Schutz der Wurzeln eine Schicht Komposterde oder Torf auf.

Falsch ist es, die Krone mit Folie oder Ölpapier zu schützen. Früher wurden solche Überwinterungshauben angeboten und empfohlen, sie im Herbst über die um zwei Drittel zurückgeschnittene Krone zu ziehen und unterhalb der Krone festzubinden. Im Frühjahr, wenn keine stärkeren Fröste mehr zu erwarten sind, also Ende März, sollten diese Hauben entfernt werden.

In den meisten Fällen haben die mit solchen Hauben versehenen Rosen nicht einen einzigen Winter überdauert. Bei einiger Überlegung wird auch klar, weshalb bei dieser Art von Winterschutz Schäden eintreten müssen: Zunächst einmal bleibt der Stamm völlig ungeschützt, ist also der Frosteinwirkung und der Sonnenbestrahlung ausgesetzt. Zum anderen ist die Krone so fest abgeschlossen, daß während der vier bis fünf Monate Winterruhe keine

Luft an die Triebe herankommt. Aber auch während der Winterruhe findet ein, wenn auch geringer, Stoffwechsel statt. Die Rosen können also unter einer solchen luftdichten Verpackung nicht genügend atmen. Weit größer aber ist die Gefahr des Erfrierens im Spätwinter. Denn unter diesen Hauben erwärmt sich die Luft bei Sonnenschein stark, und die Rosen werden vorzeitig zum Austrieb angeregt. Treten dann nochmals stärkere Nachtfröste auf oder folgt eine Kälteperiode, dann erfrieren die bereits »im Saft stehenden« Rosen viel leichter als nicht eingehüllte.

Wir verzichten deshalb auf diese, wenn auch bequemere, aber gefährliche Methode des Winterschutzes.

Die Rosen dürfen nicht zu früh und nicht zu spät aufgedeckt werden. Wenn keine stärkeren Fröste mehr zu erwarten sind und der Boden frostfrei ist, also etwa gegen Ende März, wird mit dem Entfernen des Winterschutzes bei trübem Wetter begonnen. Das Deckmaterial bleibt jedoch griffbereit und wird bei weiteren Spätfrösten und bei allzu starker Sonneneinstrahlung nach dem Abdecken, bevor die Triebe abgehärtet sind, nochmals aufgelegt. Sofern angehäufelt wurde, ist unmittelbar nach dem Abdekken auch abzuhäufeln. Dies muß allerdings sehr vorsichtig geschehen, damit die vor Winterschäden sorgfältig gehegten Triebe nun nicht durch die Hackgeräte Schaden erleiden. Soll im Frühjahr eine Gabe Mineraldünger verabreicht werden, dann streut man bei trockenem Wetter vor dem Aberden und bringt diesen Dünger mit dem Aberden gleichzeitig unter.

Wurde zum Anhäufeln Torf verwendet, so bleibt dieser während des Sommers als eine vorzügliche Bodenbedekkung auf dem Beet.

Bodenpflege

Bodenbedeckung

Besonders für Sandböden und Böden, die zum Verkrusten neigen, ist das Bedecken des Bodens empfehlenswert. Aber auch bei allen anderen, selbst bei guten Böden, sollte man die Bodenbedeckung anwenden.

Als Bedeckungsmaterial kommt in erster Linie Torf in Betracht. Der feuchte Torf wird mit kohlensaurem Kalk, je Kubikmeter etwa 3 kg, vermischt. Entweder wird der so behandelte Torf im Herbst als Winterschutz mit dem Anhäufeln gegeben oder im Frühjahr, nach dem Aberden, als 3 bis 5 cm dicke Schicht auf die Rosenbeete aufgebracht, so daß das Material zwischen den Rosen liegt. Zuvor muß jedoch die Erde gut aufgelockert sein.

Außer Torf lassen sich selbstverständlich auch andere Materialien zur Bodenbedeckung verwenden, wie kurzgeschnittenes Stroh, Gras, Laub oder auch kurzer Strohdünger. Jedoch wird der Torf bevorzugt, weil eine Torfdecke sauberer aussieht und weil bei den anderen Materialien mit verstärktem Unkrautwuchs gerechnet werden muß, wodurch wesentlich mehr Arbeit entsteht.

Durch die Bodenbedeckung mit Torf wird eine sehr gute Bodengare erzielt. Die Bodendecke verhindert das Austrocknen und Verkrusten des Bodens, und die sonst im Sommer erforderlichen Hackarbeiten werden überflüssig. Die dennoch aufkommenden Unkräuter lassen sich leicht entfernen, ohne daß man ständig die Handhacke gebrauchen muß.

Bodenbearbeitung

Wird keine Bodenbedeckung angewendet, so ist der Boden während der Vegetationsperiode des öfteren flach zu lockern. Mit der Bodenlockerung wird dem Austrocknen und Verkrusten vorgebeugt. Der für Rosen wichtige Luftaustausch im Boden wird gefördert. Grundsätzlich sollte nach starkem Regen und jeder Bewässerung gehackt werden. Jedoch muß der Boden gut abgetrocknet sein.

Man hüte sich, den Boden zwischen den Rosen zu betreten, solange er noch naß ist, und vermeide zu tiefes Hacken, um die Wurzeln nicht zu beschädigen. Besonders im Herbst sollte nur ganz flach gehackt werden, denn die beschädigten Wurzeln treiben wieder aus, und bei zeitig eintretenden starken Frösten besteht Gefahr, daß die jungen Wurzeln erfrieren. Bei dem regelmäßigen Lockern des Bodens wird das Unkraut bekämpft.

Auch bestimmte chemische Unkrautbekämpfungsmittel lassen sich mit Erfolg in reinen Rosenpflanzungen anwenden. Man muß sich allerdings vor Anwendung dieser Mittel darüber im klaren sein, daß auf den behandelten Flächen keine Aussaaten erfolgen können und auch auf die Anpflanzung von Einjahrsblumen und Stauden verzichtet werden muß, bis ihre Wirkung vorüber ist. Auch bei Koniferen und Flieder ist Vorsicht geboten. Rosen und die Mehrzahl der übrigen Laubgehölze erleiden keinen Schaden, wenn die Anwendung den Anwendungsvorschriften entsprechend erfolgt. Es handelt sich dabei um Mittel, welche das Keimen zweikeimblättriger Pflanzen hemmen. Derartig selektiv wirkende Mittel sind meist auf Simazinbasis hergestellt. Über die zur Zeit zugelassenen Handelspräparate und deren Anwendung lasse man sich im Fachhandel beraten oder informiere sich anhand des Pflanzenschutzmittelverzeichnisses der Biologischen Zentralanstalt Kleinmachnow, das über den Buchhandel bestellt werden kann.

Bevor die Unkrautsamen aufgehen, spätestens wenn das Keimblattstadium erreicht ist, müssen diese Mittel auf den Boden gespritzt werden. Sie wirken nicht gegen den Aufwuchs von Unkräutern mit tiefgehenden Wurzeln und auch nicht gegen Gräser, die bekanntlich zu den einkeimblättrigen Pflanzen gehören. Nach Möglichkeit sollten diese Mittel vor dem Austrieb der Rosen ausgebracht werden. Die Erfahrung hat allerdings gezeigt, daß weder junge Blattaustriebe noch ältere Blätter, die mit Spritzbrühe benetzt wurden, Schäden aufwiesen. Zeigt sich hin und wieder einmal eine Gelbfärbung an den Blättern, so ist dies bedeutungslos; im Laufe der Vegetation nehmen diese Blätter wieder die normale Farbe an. Nach einigen Monaten ist diese Spritzung wirkungslos.

Trotz dieser bequem erscheinenden Methode der Unkrautbekämpfung sollten wir sie im Garten nur dann anwenden, wenn es unbedingt nötig ist. Denn selbst bei vorsichtigstem Spritzen wird sich auf kleinen Flächen nicht vermeiden lassen, daß Spritzbrühe auf angrenzende Kulturen kommt, die empfindliche Schäden erleiden können. Außerdem dürfte die Herstellung der richtigen Konzentration Schwierigkeiten bereiten, da hierbei mit minimalen Präparatmengen gearbeitet werden muß. Beispielsweise beträgt die Aufwandmenge von Simazin-Spritzpulver Fahlberg, das zur Unkrautbekämpfung gespritzt werden kann, 0,2–0,4 g/m². Selbst für eine Fläche von 10 m² dürfte es schwierig sein, die erforderlichen 2 bis 4 g genau abzuwiegen und die Spritzbrühe auf die Fläche exakt zu verteilen. Chlorathaltige Mittel, z. B. »Wegerein K«, sind für diesen Zweck gänzlich ungeeignet. Diese Mittel sind nur auf Wegen und Plätzen einzusetzen, sie vernichten jeglichen Pflanzenwuchs. Und selbst bei der Anwendung auf Wegen und Plätzen, etwa in der Nähe von Rosenpflanzungen, ist größte Vorsicht geboten. Schon leichter Wind genügt, um Spritznebel abtreiben zu lassen.

Bewässerung

Alle Pflanzen nehmen die zu ihrem Wachstum erforderlichen Nährstoffe nur in Wasser gelöst auf. Nur wenn ausreichend Wasser zur Verfügung steht, ist also eine ausreichende Ernährung möglich, bei Wassermangel ist die Nährstoffaufnahme behindert. Wenn wir auch durch öfteres flaches Hacken sowie durch die Bodendeckung die Verdunstung des im Boden befindlichen Wassers vermindern, so wird doch in vielen Gärten der natürliche und durch Niederschläge ergänzte Wasservorrat nicht ausreichen, und wir müssen bewässern.

Der Wasserbedarf ist im Laufe der Wachstumsperiode unterschiedlich groß. Und wenn wir die Lebensvorgänge der Pflanze betrachten, wird uns dies auch einleuchten.

In einem sehr trockenen Frühjahr können wir beobachten, daß die Entwicklung der Rosen sehr zu wünschen übrigläßt, die Triebe bleiben schwach und kurz und setzen frühzeitig Knospen an, die jedoch nur kleine Blumen bringen. Diese Pflanzen sind infolge des Wassermangels unterernährt und daher auch sehr anfällig gegen tierische und pilzliche Schädiger.

Aus dieser Beobachtung erkennen wir, daß der Wasserbedarf im Frühjahr, während der Blatt- und Triebentwicklung, besonders groß ist und daß wir in dieser Periode des

Wachsens die Wassergabe reichlich bemessen müssen, sofern Trockenheit herrscht.

Nach Beendigung der ersten Blühperiode erwarten wir einen Neuaustrieb, der aber nur dann stark genug sein wird, wenn wieder ausreichend Wasser zur Verfügung steht.

Mit Einsetzen des zweiten Flors im September müssen wir jedoch mit zusätzlichen Wassergaben vorsichtig sein und diese vielleicht sogar ganz einstellen. Denn die Rose soll zu keinem neuerlichen Austrieb angeregt werden, sondern das Wachstum abschließen. Steht die Rose zu lange im Wachstum, reift das Triebholz nicht aus, und es besteht Gefahr, daß es schon bei geringen Frösten erfriert. Wir werden also unsere Rosen nicht regelmäßig gießen, sondern die Wassergaben entsprechend dem Entwicklungsstand der Pflanzen, nach der Anzahl und Stärke der Niederschläge sowie nach dem Wasserhaltevermögen des Bodens einrichten.

Ein öfteres, oberflächliches Bespritzen sorgt nur vorübergehend für Luftfeuchtigkeit, dringt aber nicht in den Boden ein. In Trockenperioden wird der Boden besser in Abständen von 8 bis 10 Tagen durchdringend bewässert. Durchdringend bedeutet, daß der Boden mindestens handbreit durchfeuchtet wurde. Dies erfordert je Quadratmeter ungefähr 15 Liter Wasser. Blumenblätter leiden durch Regen, sie werden oft fleckig. Gießen oder beregnen wir bei starker Sonneneinstrahlung, leiden die Blumenblätter um so mehr, und selbst die Laubblätter können in Mitleidenschaft gezogen werden. Deshalb sollten wir möglichst das Wasser, sei es mit Kanne oder Schlauch, direkt auf den Boden aufbringen. Bei dichtem Bestand oder beim Beregnen sollten wir den Zeitpunkt des Bewässerns so einrichten, daß bis zum Sonnenuntergang die Blätter wieder abgetrocknet sind.

Darf während Trockenperioden tagsüber kein Wasser zum Beregnen aus dem öffentlichen Netz entnommen werden, ist auch eine Nachtbewässerung ohne Schaden möglich, weil dann die Zeit bis zum Abtrocknen am Morgen relativ kurz ist. Es sei hier aber auch erwähnt, daß die Rosen Tiefwurzler sind. So ist bei mehrjährigen Beständen auch bei längeren Trockenperioden nicht unmittelbar mit akutem Wassermangel zu rechnen. Nicht bedeckter Boden ist, sobald er abgetrocknet ist, wieder etwas zu lockern.

Düngung

Wie alle Lebewesen sollen auch die Rosen eine normale Ernährung erhalten. Ihnen sollen ausreichende Mengen Nährstoffe zur rechten Zeit zur Verfügung stehen, damit sie kräftig wachsen, gesund und widerstandsfähig gegen Krankheiten, tierische Schädlinge und extreme Witterungseinflüsse bleiben. Ein Zuwenig läßt die Pflanzen kümmern. Selbst das Fehlen eines einzigen Nährstoffes, den die Pflanze für ihren Aufbau braucht, macht sich bemerkbar. Aber ebenso falsch wäre es, ihr ein Zuviel anzubieten. Ein gewisser Mangel läßt sich leichter ausgleichen, als eine »gemästete« Pflanze wieder in den Normalzustand zurückzuversetzen. Besonders gefährlich ist eine Überdüngung mit Stickstoff. Derartig überdüngte Pflanzen wachsen zwar sehr üppig, sie bilden reichlich bläulichgrünes Laub, aber ihre Lebensdauer ist nur sehr begrenzt, sie fallen dem ersten Frost zum Opfer.

In guter Komposterde sind alle erforderlichen Nährstoffe einschließlich der Spurenelemente in harmonischer Zusammensetzung enthalten. Haben wir bei dem Pflanzen Komposterde zugesetzt, so ist der Boden genügend mit Nährstoffen versorgt, und wir können zunächst von Mineraldüngergaben Abstand nehmen. Kann jährlich reichlich Komposterde gegeben werden, so ist eine Gabe von 80 g Volldünger (Mehrnährstoffdünger) je m^2 alle zwei bis drei Jahre ausreichend. Anderenfalls genügt es, erstmalig im zweiten oder dritten Jahr und dann regelmäßig eine Volldüngergabe zu verabreichen. Wir geben sie nach der Beseitigung des Winterschutzes, noch vor dem Abhäufeln. Stehen organische Dünger, wie Hornspäne, Knochenmehl oder Blutmehl zur Verfügung, so können diese als gute Vorratsdünger ebenfalls zu diesem Zeitpunkt gegeben werden. Als Grunddünger (Vorratsdünger) wird ein aus organischen Bestandteilen bestehender Volldünger »Humustan« angeboten. Entsprechend seiner Bestandteile ist er langsamwirkend, weil sich die organischen Bestandteile erst langsam zersetzen müssen. Der Stickstoffgehalt ist jedoch nur sehr gering, er liegt bei 5%. Deshalb wird man unter Umständen bei Bedarf mit einem Stickstoffdünger ergänzen müssen.

Wenn gut verrotteter Stallmist vorhanden ist, so wird er als Bodenbedeckung aufgebracht und später beim Anhäufeln eingearbeitet. Hier erübrigen sich im allgemeinen zusätzliche Mineraldüngergaben.

Ist während des Wachstums zu beobachten, daß die Blätter hellgrün und klein bleiben und die Pflanzen nur kurze Triebe bilden, so können wir auf Nährstoff-, insbesondere auf Stickstoffmangel, schließen. Hier ist eine weitere Nährstoffgabe nötig, entweder Stickstoffdünger, wie Piaphoskan grün mit 42% N oder Leumonat Spezialdünger weiß mit 21% N oder einen Volldünger. Eine Düngung mit stickstoffhaltigen Düngemitteln darf jedoch nicht später als Ende Juli erfolgen, weil sonst Gefahr besteht, daß die Triebe nicht ausreifen.

Es ist zu vermeiden, daß Mineraldünger nach dem Streuen auf den Blättern haftenbleiben. Um Verbrennungsschäden zu vermeiden, streue man nur, wenn das Laub abgetrocknet ist, und spüle die Pflanzen unmittelbar nach dem Streuen ab.

Granulierte Mineraldünger bleiben kaum haften. Die Körner rollen von den Blättern ab. Bei Anwendung dieser Granulate besteht kaum die Gefahr, daß die Blätter verbrennen, sofern nicht bei feuchtem Laub gestreut wird. Volldünger werden im einschlägigen Fachhandel unter verschiedenen Namen angeboten. Sie lassen sich, auch wenn sie nur allgemein als »Blumendünger« angeboten werden, ohne Bedenken für Rosen verwenden.

Als Volldünger sind im Fachhandel Piaphoskan rot und blau u. a. erhältlich.

Für Rosen sollte man Piaphoskan blau bevorzugen, weil der Kalianteil chloridfrei ist. Piaphoskan blau enthält 10% N, 3% P, 21% K und 0,2% Mg. Es ist granuliert und läßt sich deshalb sehr leicht anwenden.

Kalk braucht nur alle vier Jahre gegeben zu werden. Auf eine Fläche von 100 m^2 geben wir bei normalen Böden etwa 20 kg kohlensauren Kalk. Dieser wird entweder im Herbst vor der Wintereindeckung oder im Frühjahr nach der Beseitigung des Winterschutzes gestreut.

Das Ausreifen des Holzes wird durch Kaligaben begünstigt. Sofern wir nicht einen auch Kali enthaltenen Volldünger verwenden, geben wir Kali zur gleichen Zeit wie Kalk im Frühjahr oder spätestens im Juli/August. Ausreichend sind 4 kg Kalisalz je 100 m^2. Man achte aber darauf, daß der Kalidünger chlorarm ist. Am besten ist schwefelsaures Kali geeignet.

Schnitt der Rosenpflanzen

Der bei der Pflanzung erforderliche Rückschnitt wurde bereits in dem entsprechenden Abschnitt behandelt. Außerdem ist aber ein alljährlicher Schnitt erforderlich, ohne den wir weder kräftige Pflanzen noch schöne Blumen erhalten. Unter unseren klimatischen Verhältnissen kann nur das Zurückschneiden im Frühjahr empfohlen werden. Der Rückschnitt im Herbst ist zwar verlockend, weil das Bedecken dadurch wesentlich erleichtert wird und sich die Knospen bereits während der Vegetationsruhe entwickeln und zum Frühjahr stärkere Triebe bringen.

Aber in strengen Wintern, die sich leider nicht mit Gewißheit voraussagen lassen, muß mit Frostschäden gerechnet werden. In diesem Falle sind dann die Resttriebe mit den Knospen oft erfroren, und es muß im Frühjahr nochmals bis in das gesunde Holz zurückgeschnitten werden, wenn das überhaupt möglich ist.

Sicherer ist es deshalb, den Rückschnitt erst im Frühjahr durchzuführen, unmittelbar nach dem Entfernen des Winterschutzes. Der Rückschnitt muß möglichst zeitig, aber erst, wenn keine strengen Fröste mehr zu befürchten sind, vorgenommen werden. Je später geschnitten wird, um so mehr sind die Triebe bereits im Saft, und wertvolle Kräfte gehen dann den Pflanzen verloren. Das Ergebnis zu späten Rückschnitts ist verspäteter Austrieb und ein späterer Flor. Der Schnitt soll mit einer scharfen, den Trieb nicht quetschenden Schere ausgeführt werden.

Als erstes werden überzählige, schwache, überalterte

oder völlig abgestorbene Triebe unmittelbar an der Verzweigungsstelle oder an der Veredlungsstelle abgeschnitten. Erst danach werden die kräftigen Triebe eingekürzt. Dieser starke Rückschnitt ist die Voraussetzung für kräftigen Austrieb und gut entwickelte Blumen. Der Schnitt muß in jedem Fall bis ins gesunde grüne Holz erfolgen. War der Winter hart und sind die Triebe stark zurückgefroren, dann ist auch meist ein stärkerer Rückschnitt erforderlich. Erfrorene Triebe sind braun, zum Teil jedoch noch grün, das Mark aber ist dunkel gefärbt. Diese teilgeschädigten Triebe sterben später noch ab, weshalb es ratsam ist, diese ebenfalls bis in das gesunde Holz zurückzuschneiden.

Grundsätzlich wird starkes Holz nicht so stark eingekürzt. Schwaches Holz bringt bei geringem Einkürzen nur schwache Triebe, deshalb wird es stärker zurückgeschnitten als starkes. Geringer Rückschnitt ergibt eine größere Anzahl, aber schwächere und kürzere Triebe, einen größeren und zeitigeren Blütenflor, aber kleinere Blumen.

Starker Rückschnitt ergibt starke Einzeltriebe mit schönen großen, vollkommenen Blumen. Diese Regel sollte man beachten und sich darüber klarwerden, welchen Effekt man erzielen will, bevor man mit dem Rückschnitt beginnt. Außerdem sollte man bemüht sein, zum Aufbau einer widerstandsfähigen Pflanze vorjährige Triebe zu schonen.

Abb. 16 Frühjahrsrückschnitt bei Buschrosen

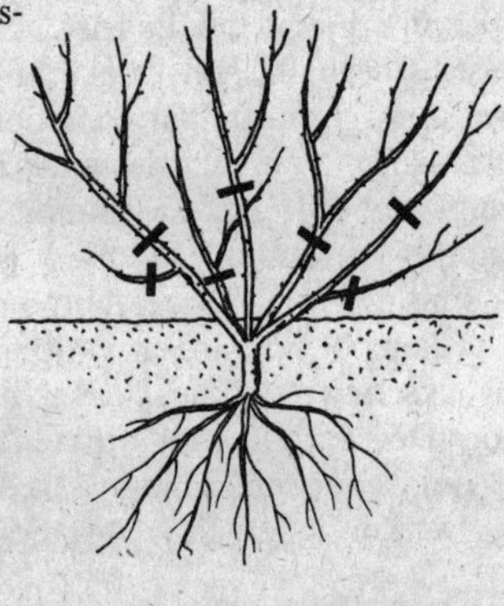

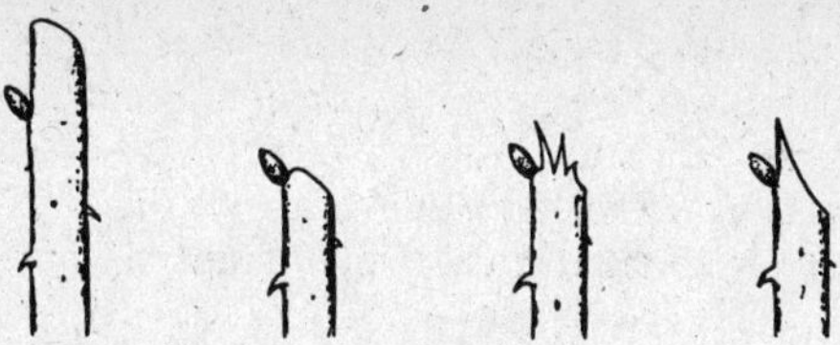

Abb. 17 Rückschnitt: richtig ganz links, es muß ein Zapfen stehenbleiben. Das übrige ist falsch.

Der Rückschnitt darf bei den verschiedenen Rosenklassen nicht schematisch durchgeführt werden. Teehybriden schneidet man auf 3 bis 5 Augen zurück, wobei man die vorher genannten Schnittstärkeregeln beachte.

Beim Zurückschneiden wird der Schnitt nicht unmittelbar über dem Auge geführt, wie es bei den Obstgehölzen nötig ist, sondern etwa gleichweit entfernt zwischen 2 Augen. Denn der geschnittene Trieb trocknet stets etwas zurück. Würde der Schnitt unmittelbar über dem Auge ausgeführt werden, dann wäre dieses bald vertrocknet.

Dies könnte aber den Verlust eines für den Aufbau der Krone unter Umständen wichtigen Triebes bedeuten, und später müßte, um des besseren Aussehens willen, der zurückgetrocknete Triebteil nachgeschnitten werden.

Die feintriebigen Polyantharosen werden verhältnismäßig kurz über der Veredlungsstelle zurückgeschnitten. Sie haben die typische Eigenschaft, dort neue Triebe hervorzubringen. Bei den Polyantharosen mit stärkeren Trieben, Polyantha-Hybriden und Floribundarosen ist ein starker Rückschnitt, d. h. ein Rückschnitt auf 3, 4, 5, allenfalls 6 Augen, erforderlich, wenn es sich um eine einheitliche Beetbepflanzung handelt. Will man diese Rosen jedoch höher wachsen lassen, was richtig sein kann, wenn es sich um Einzelpflanzen oder kleine Gruppen handelt, dann braucht man sie nur sehr wenig zu beschneiden. Sie bilden bei geringem Rückschnitt im Laufe der Zeit üppige Büsche.

Kletterrosen des Multiflora- oder Wichuraianatyps werden nicht zurückgeschnitten. Nur altes, abgetragenes, erfrorenes und vertrocknetes Holz wird entfernt. Derartige abgestorbene Triebe sind direkt am Wurzelhals abzuschneiden. Schwache Triebe kürzt man ein oder entfernt sie völlig, wenn genügend starkes junges Holz vorhanden ist. Auch die kletternden Teehybriden (Climbing) werden, sofern sie nicht zurückgefroren sind, nur wenig geschnitten.

Die dauerblühenden Strauchrosen des Lambertianatyps werden ebenso behandelt, jedoch kann man hier die Triebe um ein Drittel kürzen und gewinnt dann einen schönen Blütenflor. Leider wird gerade bei den Kletterrosen noch viel zuviel geschnitten, und es ist dann nicht verwunderlich, wenn diese jahrelang ohne Blüten bleiben.

Die als Strauchrosen bezeichneten Arten und Sorten blühen meist am zwei- und mehrjährigen Holz. Wer also die Blütenknospen erhalten will, sollte sich auf das Entfernen alter abgestorbener Triebe beschränken. Das Entfernen überalterter Triebe bei Strauch- und Kletterrosen bedeutet eine gleichzeitige Verjüngung der Pflanzen. Jedoch hüte man sich, dem Strauch nur die einjährigen Triebe zu belassen. In diesem Falle müßte man bei vielen Sorten mindestens ein Jahr auf den Blütenflor verzichten.

Bei Stammrosen sind die der jeweiligen Klasse entsprechenden Schnittregeln anzuwenden, jedoch sind die Triebe noch etwas mehr einzukürzen. Einen schöneren und lichteren Aufbau der Krone bei Busch- wie bei Stammrosen erreicht man, indem man darauf achtet, daß jeweils das obere verbleibende Auge eines jeden Triebes nach außen zeigt.

Sonstige Sommerarbeiten

Mitunter entwickeln sich bei Buschrosen unterhalb der Veredlungsstelle lange schnellwachsende Schosse. Sie unterscheiden sich meist in ihrer Trieb- und Laubfarbe von den übrigen Trieben des Strauches. Auch Blattform und Bestachelung sind unterschiedlich. Diese Triebe entstammen der Unterlage, auf welche die Rosensorte veredelt wurde. Sobald wir diese Triebe als Wildtriebe erkannt ha-

Abb. 18 Entfernen eines Wildtriebes an einer Buschrose

Abb. 19 Entfernen eines Wildtriebes an einer Stammrose

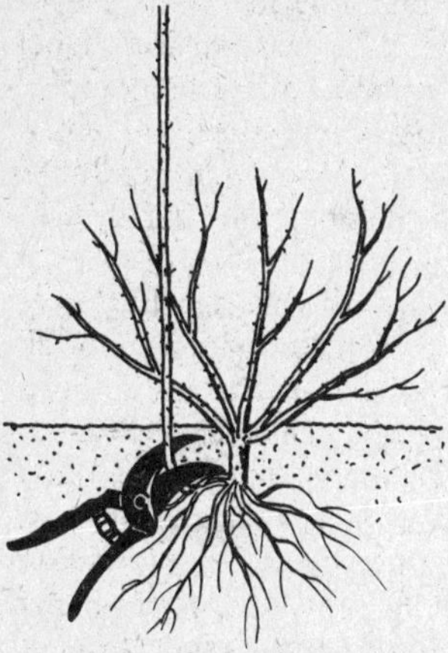

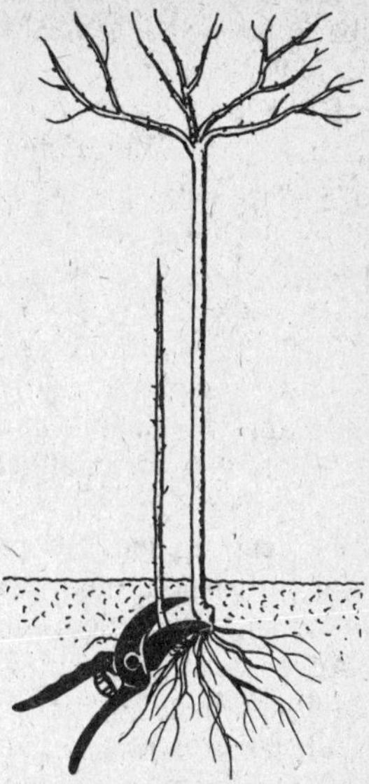

ben, müssen wir sie entfernen. Unter Umständen müssen wir die Pflanze mit einem kleinen Handspaten freigraben, um den Wildtrieb direkt an der Austriebsstelle abschneiden zu können. Lassen wir nur einen Stummel stehen, so entwickeln sich sehr bald weitere starke Wildtriebe, die unsere Edelrose erdrücken.

An Stammrosen, von denen nur die Krone »echt« ist – denn der Stamm wird von der Unterlage gebildet –, können Wildtriebe ebenfalls auftreten. Selten treibt der Stamm selbst wilde Triebe. Viel öfter entwickeln sich aber aus dem Wurzelhals ein oder auch mehrere Wildschosse. Auch diese Wildtriebe müssen unmittelbar an der Ursprungsstelle weggeschnitten werden. Dazu ist es bei Wurzelschossen erforderlich, den Wurzelstamm freizugraben. Mitunter wachsen Wildtriebe in einiger Entfernung von den Stämmen aus dem Boden. Diese meist flachliegenden Wurzeln entstammenden Austriebe sind ebenfalls abzuschneiden. Wer sich Rosenstämme zum Veredeln selbst ziehen will, kann diese Wurzelschosse sich entwickeln lassen und, sofern sie die erforderliche Stärke und Höhe erreichen und beim Herausnehmen über eine ausreichende Wurzelkrone verfügen, zum Veredeln verwenden.

Bei Kletter- und Strauchrosen ist es manchmal sehr schwierig, die Wildtriebe zu erkennen, weil die Ähnlichkeit zwischen Unterlagentyp und Edelsorte im Habitus groß ist. Bei genauerem Vergleich werden wir jedoch auch die kleinen Unterscheidungsmerkmale sehr bald erkannt haben und die Wildtriebe entfernen können.

Schließlich soll etwas über das Entfernen verblühter Blumen gesagt werden. An anderer Stelle, bei der Behandlung von Schnittblumen, hatten wir uns schon darüber Klarheit verschafft, daß das übermäßige Entfernen von Trieben samt Blättern die Pflanze in ihrer Entwicklung hemmt, denn ihr werden die lebensnotwendigen, zum Aufbau erforderlichen Organe genommen. So ist es auch falsch, nach dem Abblühen den Trieb bis auf 3 oder 4 Augen zurückzuschneiden, wie es vielfach noch gehandhabt wird, in der Meinung, damit einen starken Neutrieb erreichen zu können. Denn nach einem solchen starken Eingriff während der Vegetationsperiode benötigt die Pflanze lange Zeit, bevor sie sich erholt hat. Richtig ist es vielmehr, mit der abgeblühten Blume den Trieb lediglich bis zum 1. oder 2. Blatt unter dem Blütenstand zu entfernen. Wir erreichen damit einen früheren und reicheren zweiten Flor. Denn dann behält die Pflanze die lebensnotwendigen Blätter, zum anderen aber sind die oberen Knospen besser entwickelt als die am Grunde der Pflanze befindlichen, deren Austrieb wesentlich länger dauert.

Das Entfernen abgeblühter Blumen ist besonders bei Sorten erforderlich, die sehr leicht zur Fruchtbildung neigen. Es ist verständlich, daß die Pflanze alle Nährstoffreserven zur Fruchtbildung verwendet, wenn wir die Ansätze nicht bald entfernen. Anderenfalls müßten wir bei diesen Sorten mit einem sehr späten zweiten Flor rechnen oder ganz darauf verzichten.

Bei allen nur einmal blühenden Strauch- und Kletterrosen werden wir die abgeblühten Blumen nur dann entfernen, wenn wir keine Hagebutten als Früchteschmuck für Herbst und Winter erwarten können oder wenn wir darauf verzichten wollen.

Rosen zur Schnittblumengewinnung

Wenn auch der Gartenfreund vor allem Freude an dem Blütenreichtum seines Gartens haben möchte, so gibt es doch Gelegenheiten, zu denen er auch gern einige Rosen als Vasen- oder Schalenschmuck schneiden möchte.

Selbstverständlich kann man von allen Rosenpflanzen Blumen schneiden. Hier sei besonders darauf verwiesen, daß Beetrosen ein sehr schöner und attraktiver Vasenschmuck sind. Sie halten sich auch wesentlich länger als Teehybriden. Dennoch werden Teehybriden wegen ihrer eleganten Knospen- und Blütenform und des besonderen Duftes immer wieder bevorzugt.

Die ständige Schnittblumenentnahme wird allerdings die Entwicklung der Pflanze hemmen. Denn mit dem Kürzen der Triebe und dem Verlust von Blättern wird die Pflanze geschwächt; sie kann nur ein geringeres Maß an Nährstoffen verarbeiten und nur wenige Reservestoffe bilden. Wir wollen deshalb nicht mehr als zwei Blumen je Pflanze auf einmal schneiden und diese möglichst nur kurzstielig. Bei regelmäßigem und stärkerem Blumenschnitt muß die Nährstoffzufuhr und Bewässerung reichlicher bemessen werden. Ein schneller Austrieb läßt sich dadurch erreichen, daß man nach dem Entfernen der Blüte am verbliebenen Trieb das oberste Blatt einschließlich Blattstiel entfernt. Die vom Blatt ausgehende Hemmwirkung wird damit aufgehoben.

Schnittzeitpunkt

Es ist uns viel daran gelegen, die geschnittenen Rosenblumen möglichst lange Zeit frisch zu halten. Oft hört man klagen, daß sich Rosenblumen nur sehr kurze Zeit halten. Das liegt vor allem an einer falschen Behandlung. Das beginnt bereits mit dem richtigen Zeitpunkt des Schneidens der Blumen. Bisher wurde der Standpunkt vertreten, die Blumen seien möglichst früh am Morgen zu schneiden, wenn noch der Morgentau auf Blüten und Blättern liegt. Zu diesem Zeitpunkt hätten sie sich einen genügenden Wasservorrat während der kühlen Nacht schaffen können. Eine weitere Variante des Zeitpunktes war der späte Abend. Neuere Beobachtungen und Untersuchungen besagen jedoch, daß der frühe Nachmittag der günstigste Zeitpunkt ist, weil die Pflanzen dann den größten Nährstoffvorrat aufweisen. Jedoch sollte man sich hüten, bei praller Sonne oder bei extremer Hitze zu schneiden, wenn die Pflanze Welkeerscheinungen zeigt.

Bei hochsommerlichen Temperaturen wird man dann doch die Blumen am zeitigen Morgen schneiden, solange sie noch von der Nacht einen genügenden Wasservorrat haben.

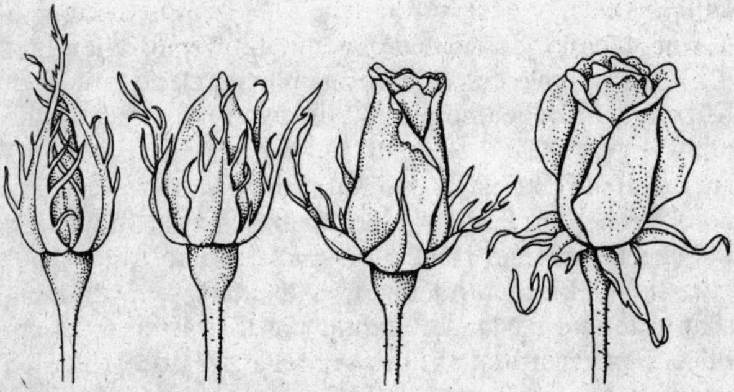

Abb. 20 Knospenentfaltung und Schnittreife, von links nach rechts:

1. In diesem Stadium geschnitten, blühen die Knospen in der Vase nicht auf.
2. Bei warmer, trockener Witterung können die Knospen leicht gefüllter Sorten in diesem Stadium der Entfaltung geschnitten werden.
3. Normaler Zeitpunkt für den Schnitt
4. Schnittreife bei sehr stark gefüllten, sich schlecht öffnenden Sorten und ungünstiger Witterung

Das Entwicklungsstadium der Blüte ist für die Dauer der Haltbarkeit ebenfalls von Bedeutung. Eine bereits weit geöffnete Blüte wird bald auseinanderflattern und vergehen. Der Blumenfreund möchte gerade das Sich-Öffnen der Knospen, die Entfaltung der Blüte erleben.

Von zu kleinen, noch nicht voll entwickelten Knospen kann man keine schönen Blumen erwarten. Die Knospe muß voll entwickelt sein, Farbe zeigen, und das erste Blütenblatt muß beginnen, sich von der Knospe etwas zu lösen. Die Kelchblätter sollen sich bereits umgeschlagen haben. Stark gefüllte Sorten sollen etwas weiter aufgeblüht sein als weniger stark gefüllte Sorten.

Wenn wir große, gut entwickelte Einzelblumen erreichen wollen, werden die Nebenknospen ausgebrochen, sobald sie etwa Erbsengröße erreicht haben.

Als Sorten für den Freilandschnitt eignen sich besonders:

Citrina	Michèle Meilland	Super Star
Elisabeth-Rose	Montezuma	Sutter's Gold
Festival	New Yorker	Symbol
Gloria Dei	Profil	Texas Centennial
Karneol-Rose	Roter Stern	Virgo
Komet	Spek's Yellow	

Behandlung der Schnittblumen

Unmittelbar nach dem Schneiden stellen wir die Stiele einige Zeit möglichst tief in ein Gefäß mit Wasser ein, das an einem kühlen Ort aufgestellt wird. Sollten die Blumen nicht sofort verwendet werden, wickelt man sie eng aneinandergelegt in feuchtes Papier ein und legt sie im kühlen Keller auf den Fußboden. Ist im Kühlschrank Platz, so sollte man die Schnittrosen etwa 12 Stunden bei 3 bis 5 °C einlagern. Hierfür werden die Rosen mit einer Folie umhüllt. So wird verhindert, daß ihnen Wasser entzogen wird. Wir müssen es den Rosen erhalten. Es wird auch empfohlen, die Rosen vor dem Kühlen etwa 2 Stunden lang in warmes Wasser (40 °C) zu stellen.

Im Wasser befindliche Blätter, insbesonders beschädigte, scheiden einen Hemmstoff aus, der die Haltbarkeit der Schnittrosen ungünstig beeinflußt. Deshalb entfernen wir vor dem Einstellen in die Vasen alle Blätter, die ins Wasser gelangen würden. Die Rosen in den Vasen sollen weder der Zugluft ausgesetzt werden noch in der Sonne stehen. Sind wirklich einmal einzelne Blumen welk geworden, dann kann man sie wieder frisch und straff bekommen, indem man die Stiele in eine flache Schüssel einlegt und unter Wasser anschneidet. Eine halbe Stunde bleiben die so angeschnittenen Stiele noch unter Wasser, bevor wir sie wieder in die Vase stellen. Bei diesem Verfahren dringt das Wasser schnell in die Leitungsbahnen ein, und die Blütenstiele straffen sich wieder.

Frischhaltetabletten verhindern die Fäulnis und sorgen damit für eine lange Haltbarkeit in der Vase.

Stehen keine Frischhaltetabletten zur Verfügung, so sollte das Wasser täglich gewechselt und die Enden der Stiele frisch angeschnitten werden.

Abb. 21 Angewelkte Schnittrosen werden unter Wasser angeschnitten.

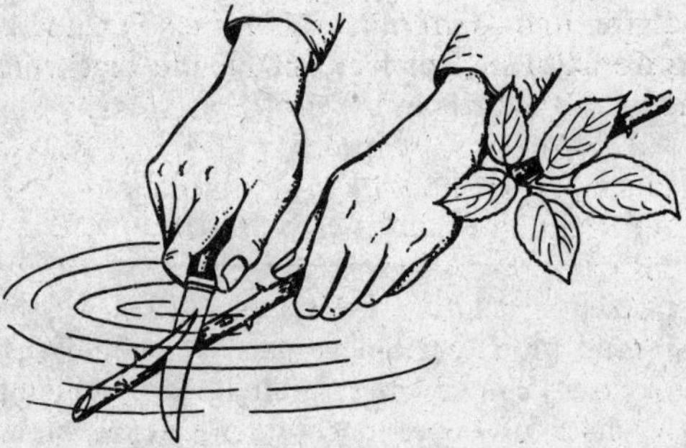

Schädlinge und Krankheiten und ihre Bekämpfung

Zur Gesunderhaltung der Rosen im Garten gehört vor allem das Einhalten der bereits geschilderten Pflegemaßnahmen. Das sorgfältige Vorbereiten des Bodens, die Bodenpflege, eine ausreichende Versorgung mit Dünger und Wasser sowie die Winterschutzmaßnahmen sind Grundlage eines gesunden Wachstums. Wachstumshemmungen leisten den Schädigern Vorschub. Auch bei unsereren Rosenpfleglingen gilt der Grundsatz: Vorbeugen ist besser als Heilen, Vorbeugen ist auch einfacher und billiger. Trotz guter Pflegemaßnahmen sind Rosen aber nicht vor Schädlings- und Krankheitsbefall sicher. Ungünstige Witterungsverhältnisse, wie lang anhaltende Trockenheit mit geringer Luftfeuchtigkeit, trübes, feuchtes Wetter oder starke Temperaturschwankungen können die Ursache sein, daß manche Schädlinge und Krankheiten besonders stark auftreten.

Je früher ein Schädling oder eine Krankheit festgestellt und erkannt sind und die entsprechenden Bekämpfungsmaßnahmen durchgeführt werden, um so mehr können wir mit dem Erfolg unserer Maßnahmen rechnen. Meist genügt es dann, lediglich die einzelnen Befallsherde zu behandeln.

Die chemische Industrie stellt heute sehr wirksame Bekämpfungsmittel her. Im einschlägigen Fachhandel sind die modernen Mittel auch in Kleinpackungen zu haben.

Stäubemittel werden vielfach schon in Stäubedosen gehandelt, so daß kein besonderes Stäubegerät erforderlich ist. Die Spritzmittel sind meist in konzentrierter Form im Handel und müssen für ihre Verwendung mit Wasser verdünnt werden.

Die nötigen Konzentrationen sind auf der Packung angegeben und müssen genau eingehalten werden; zu geringe Konzentrationen wirken nicht oder nur ungenügend, zu hohe können zu Schäden an der Pflanze führen. Spritzmittel können durch Spritzen, Sprühen oder Nebeln auf die Pflanzen gebracht werden. Der Gartenfreund kommt durch Spritzen am leichtesten zum Erfolg; es genügt eine Handspritze.

Nicht alle Mittel sind für Mensch und Haustier ungefährlich. Giftige Mittel sind nach dem Giftgesetz in 2 Giftabteilungen eingeordnet und auf der Handelspakkung entsprechend gekennzeichnet. Bei der Verwendung von Pflanzenschutzmitteln sind gesetzliche Bestimmungen einzuhalten. In jedem Fall ist beim Umgang mit solchen Spritzmitteln äußerste Vorsicht geboten. Sie müssen unter Verschluß gehalten werden, so daß weder Kinder noch Unbefugte diese Mittel erreichen können. Pflanzenschutzmittel dürfen nicht in neutralen Behältern oder gar in Flaschen aufbewahrt werden, in die sonst Lebensmittel gehören.

Während der Arbeit mit Bekämpfungsmitteln achte man darauf, daß nicht gegen den Wind gearbeitet wird, sonst werden Gesicht und Hände damit bestäubt bzw. bespritzt.

Außerdem muß auf die benachbarten Beete geachtet werden. Abdriftende Mittel dürfen beispielsweise nicht auf Erdbeer- und Gemüsebeete kommen, die bald abgeerntet werden sollen. Pflanzenschutzmittel sollen auch nie in den Mittagsstunden mit starker Sonneneinstrahlung angewandt werden, weil dann die Pflanzen besonders empfindlich reagieren.

Das Bespritzen und Bestäuben der Pflanzen während der Vegetationszeit soll immer von unten nach oben erfolgen, um auch die Schädlinge an der Blattunterseite zu treffen.

Während der Arbeit mit Schädlingsbekämpfungsmitteln darf man weder rauchen, trinken noch essen. Nach Beendigung der Arbeit sind die Gefäße und Behälter sowie das Gerät einwandfrei zu säubern. Leere Behälter, auch Tüten, vernichten! Gesicht und Hände eingehend waschen!

Unsere Rosen können von vielerlei Schädlingen und Krankheiten heimgesucht werden. Ein großer Teil der Schädiger tritt jedoch nur hin und wieder einmal auf, und zwar so, daß keine größeren Kalamitäten verursacht werden. Diese selten auftretenden Schädlinge sind nachstehend nicht erwähnt, wohl aber solche, die überall und des öfteren erheblichen Schaden anrichten können und die wir daher als gefährlich bezeichnen.

Tierische Schädlinge

Blattläuse

Schadbild: Die meist in größerer Anzahl an den Triebspitzen, jungen Blättern und Knospen sitzenden Blattläuse verursachen durch Saugen der Pflanzensäfte Triebkrümmungen, die Blätter kräuseln sich und rollen sich ein. Die Rosenknospen erhalten ein welkes Aussehen. Bei sehr starkem Auftreten der Blattläuse bekommen die Blätter einen klebrigen glänzenden Belag, den »Honigtau«, der durch die zuckerhaltigen Ausscheidungen der Blattläuse

Abb. 22
Blattlausbefall

entsteht. Auf diesem »Honigtau« siedeln sich Rußtaupilze an. Die durch die Rußtaupilze hervorgerufene Schwarzfärbung der Blätter macht diese unansehnlich.
Bekämpfung: z. B. Wofatox-Präparate, Bi 58 EC

Rosenblattrollwespe (Blattrollkrankheit)

Schadbild: Die Rosenblätter rollen sich von außen her bis zur Mittelrippe zusammen.
Bekämpfung: z. B. Wofatox-Präparate, Bi 58 EC. Die Bekämpfung ist jedoch nur wirksam, wenn sie rechtzeitig, bevor die Blätter vollkommen eingerollt sind, einsetzt. Sind die Blätter bereits eingerollt, dann müssen die befallenen Blätter abgeschnitten und vernichtet werden.

Sonstige Rosenblattwespen

Schadbild: Von den nacktschneckenähnlichen grünlichen Larven werden die Blätter (meist die Oberseite) stellenweise bis auf die gegenüberliegende, stehenbleibende Haut abgefressen (Fensterfraß). Die verbleibende durchsichtige Haut färbt sich bräunlich.
Bekämpfung: z. B. mit Wofatox-Präparaten, Bi 58 EC, bercema-Spritzpulver NMC 50

Miniermotten

Schadbild: Unregelmäßige Fraßgänge im Blatt zwischen Unterhaut und Oberhaut. Die auf der Oberseite der Blätter hell erscheinenden Miniergänge sind gut sichtbar.
Bekämpfung: z. B. mit Bi 58 EC, Wotexit-Spritzmittel, Wofatox-Präparaten.

Rosenzikade

Schadbild: Die Rosenzikade verursacht auf der Blattoberfläche eine weißliche Besprenkelung. Die Blätter fallen später ab. An den jungen Trieben und Knospen treten Verkrüppelungen auf.
Bekämpfung: z. B. mit Wofatox-Präparaten, Bi 58 EC.

Abb. 23
Schadbild der
Rosenzikade

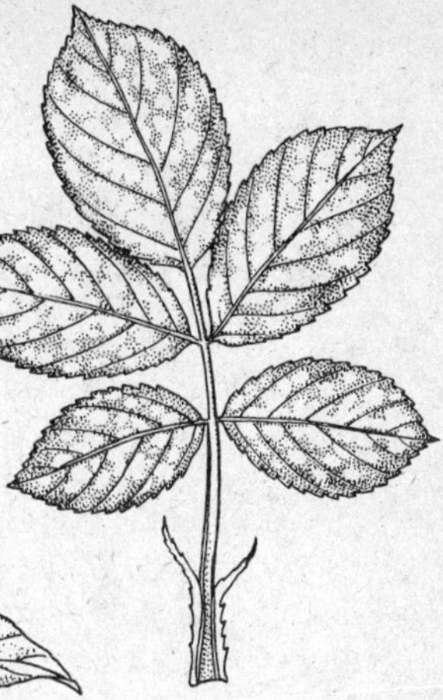

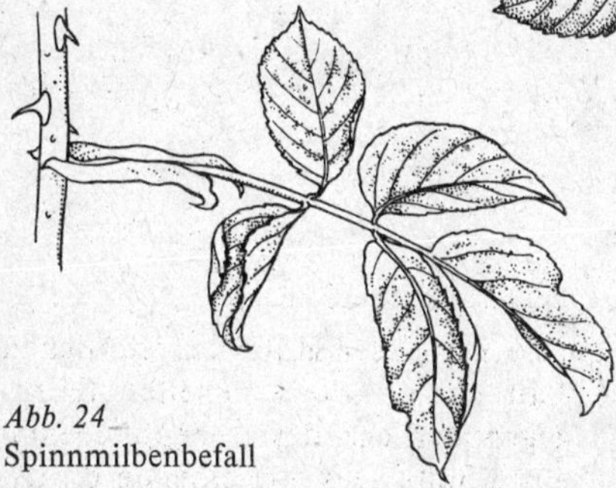

Abb. 24
Spinnmilbenbefall

Rote Spinne (Spinnmilbe)

Schadbild: Zahlreiche helle, gelbgrüne bis braungrüne Saugstellen an den grünen Pflanzenteilen, besonders an den Blättern. Blätter vertrocknen. Bei starkem Befall vorzeitiger Laubabfall. Besonders starke Entwicklung in Trockenperioden und an Orten mit großer Lufttrockenheit, vornehmlich in der Nähe von Gebäuden.
Bekämpfung: z. B. mit Bi 58 EC, Tenysan-Spritzpulver.

Verschiedene Raupen und Käfer

Schadbild: Unregelmäßige Fraßstellen an Blättern und Knospen.

Bekämpfung: z. B. mit Wofatox-Präparaten, Fekamatribuphon EC 50, Wotexit-Spritzmittel, Bi 58 EC.

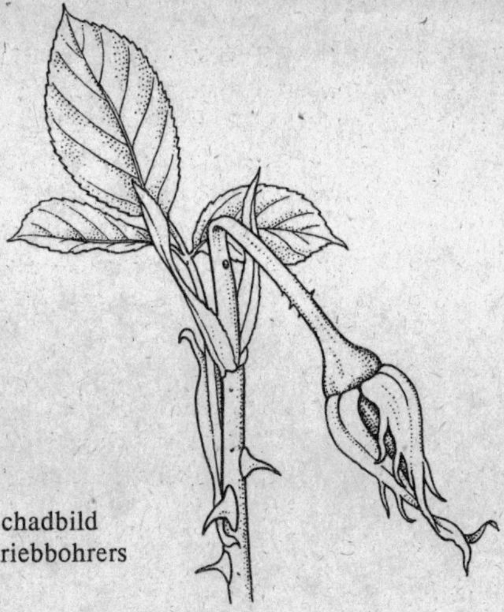

Abb. 25 Schadbild des Rosentriebbohrers

Rosentriebbohrer

Schadbild: Die Triebenden sind ausgehöhlt und welken, und die Blätter vertrocknen. Im Innern der Stengel verlaufen Gänge, in denen sich Blattwespenlarven befinden.
Bekämpfung: z. B. mit Bi 58 EC rechtzeitige und auch vorbeugende Spritzung ab Ende April; die Triebe unterhalb der Befallstelle abschneiden und vernichten.

Krankheiten

Echter Mehltau

Schadbild: Auf den Blättern, an Triebspitzen und Knospen zunächst einzelne weiße Flecke eines mehligen Überzuges. Bei starkem Befall sind die Pflanzenteile damit völlig überzogen. Später verändert sich dieser Überzug zu einem braunen filzigen Belag. Triebe, Blätter und Knospen verkrüppeln. Begünstigt wird das Auftreten dieses Pilzes durch feuchte Wärme, Lichtmangel, eingeschlossene Lagen und starke Temperaturschwankungen.
Bekämpfung: Sobald sich die ersten Anzeichen bemerkbar

machen, bei windstillem Wetter mit Schwefelpräparaten behandeln. Wiederholungen während der Vegetationsperiode gegebenenfalls alle 10 bis 14 Tage. Die Wirkung des Schwefels tritt allerdings nur bei Temperaturen von über +18 °C ein. Besonders bewährt hat sich die Verwendung von bercema-Zineb-Schwefel, mit dem gleichzeitig andere pilzliche Blattkrankheiten bekämpft werden.

Falscher Mehltau

Schadbild: Die Blattoberseite ist mißfarbig gefleckt. Auf der Blattunterseite weißlich-grauer, wolliger Pilzrasen. An den Trieben ähnliche, eingesunkene Flecken. Blätter und Triebe sterben ab.
Bekämpfung: Kranke Pflanzenteile vernichten. Bercema-Zineb 80 mehrmals anwenden, wobei besonders die Blattunterseiten behandelt werden müssen.

Sternrußtau, Schwarzfleckigkeit

Schadbild: Braun- bis violettschwarze Flecke mit strahligem Rand auf den Blättern. Während und nach der Hauptblüte treten diese Flecken zunächst einzeln, später zahlreicher auf und verschmelzen schließlich miteinander. Die Blätter vergilben und fallen ab. Mitunter stehen die Pflanzen bei starkem Befall fast völlig kahl. Die gefürchtetste Rosenkrankheit. Begünstigt wird das Auftreten durch feuchtes kühles Wetter.
Bekämpfung: Befallene Pflanzenteile sammeln und vernichten. Behandlung mit bercema-Zineb-Schwefel, Malipur.

Rosenrost

Schadbild: Erst gelbe, sich später schwarz verfärbende und stäubende Pusteln auf der Blattunterseite. Im Frühjahr an den Trieben orangerote Schwielen.
Bekämpfung: Vor Austrieb mit Kupfermitteln spritzen. Später wiederholt mit bercema-Zineb-80 und bercema-Zinneb-Schwefel behandeln, wobei vor allen Dingen die Blattunterseite getroffen werden muß.

Anzucht der Rosen

Die Anzucht einer Buschrose von der Ernte der Hagebutte bis zur verkaufsfertigen Pflanze dauert 4 Jahre, für die Anzucht einer Stammrose sind 6 Jahre nötig. In jedem jungen Gehölz ist also ein erhebliches Maß an Arbeit investiert.

Das Saatgut für Rosenveredlungsunterlagen oder Rosenwildlinge, wie sie der Rosenbauer auch nennt, bringt vor allem die heimische Hundsrose (*Rosa canina* L.) mit einer großen Anzahl von Formen, den sogenannten Edelcanina.

Die Hagebutten werden im September geerntet. Die darin enthaltenen hartschaligen Samen brauchen lange Zeit, fast 18 Monate, bevor sie keimen. Unmittelbar nach der Ernte werden die Hagebutten in Sand eingeschichtet und ständig feucht gehalten (strafiziert). Sie müssen sorgsam vor Vogel- und Mäusefraß geschützt werden. Im Herbst des nächsten Jahres, 12 Monate nach der Ernte, oder besser im darauffolgenden zeitigen Frühjahr werden die Samen auf Saatbeete ausgesät. Bis zum Herbst haben sie die erforderliche Größe und Stärke erreicht, um als Veredlungsunterlagen verwendet werden zu können. Sie werden dem Boden entnommen, frostfrei eingeschlagen und im Laufe des Winters nach Stärken des Wurzelhalsdurchmessers sortiert und pflanzfertig geschnitten. Bis zum Beginn der Frühjahrspflanzzeit bleiben sie im Einschlag.

Auch die Sämlinge von *Rosa multiflora* werden als Veredlungsunterlagen verwendet. Die Samen haben gegenüber denen von *Rosa canina* den Vorteil, daß sie nicht stratifiziert werden müssen, d. h., sie keimen bereits im Frühjahr nach der Ernte. Die Veredlungen auf *Rosa multiflora* sind wüchsiger als die auf *Rosa canina* veredelten. Allerdings sind diese Unterlagen wesentlich frostempfindlicher. Auch sagt man ihnen nach, sie seien nicht so langlebig.

Buschrosenanzucht

Sobald es die Witterung und der Bodenzustand erlauben, werden die Rosenveredlungsunterlagen in die Rosenanzuchtquartiere gepflanzt. Die gegen Wind und Trockenheit sehr empfindlichen Pflänzchen werden sofort mit Erde angehäufelt und fortan sorgfältig gepflegt, damit die Veredlungsunterlagen rechtzeitig veredlungsreif werden.

Im Sommer, wenn gut ausgereifte Edelreiser zur Verfügung stehen, wird veredelt, das heißt, in den Wurzelhals der Unterlage wird ein Edelauge eingesetzt. Dieser Okulationsvorgang erfordert Übung und Geschick. Mit einem scharfen Messer wird das Edelauge vom Edelkreis geschnitten, und danach wird auf dem Wurzelhals der Veredlungsunterlage ein T in die Rinde geschnitten. Das Edelauge wird dann unter die beiden Rindenlappen geschoben. Durch einen Verband wird es mit der Veredlungsunterlage fest verbunden. Hierbei darf kein Teil des Schnittes frei bleiben, weil sonst Gefahr besteht, daß die Okuliermücke ihre Eier ablegt. Die Maden dieses Schädlings leben zwischen Auge und Unterlage, so daß das Auge nicht anwachsen kann.

In den Rosenschulen wird heute mit gutem Erfolg ein Okulationsschnellverschluß verwendet, der aus einem Gummiplättchen mit einer Drahtklammer besteht. Dieser Schnellverschluß wird fest um die Okulation gelegt. Das Gummiplättchen verwittert nach geraumer Zeit, es hat seinen Zweck erfüllt.

Rosenfreunde, die sich ihre Rosen selbst veredeln möchten, denen aber solche Okulationsschnellverschlüsse nicht zur Verfügung stehen, sei noch die frühere Methode mitgeteilt. Danach wird zum Verbinden der Veredlungsstelle Raphiabast, Kunstbast, Wollfaden oder auch schmales Folienband verwendet. Bei Verwendung

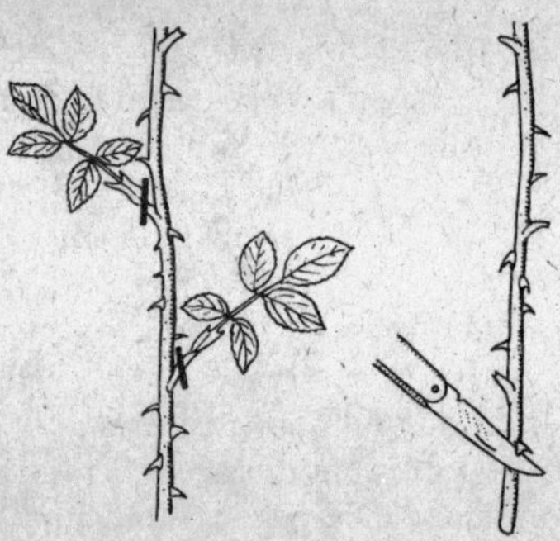

Abb. 26 Reiservorbereitung für die Veredlung

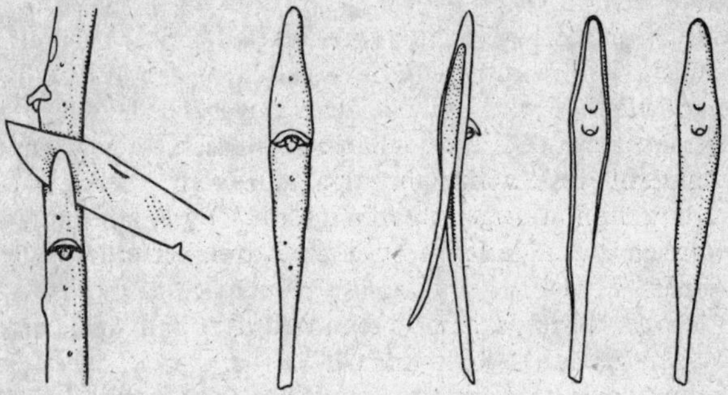

Abb. 27 Schneiden des Edelauges

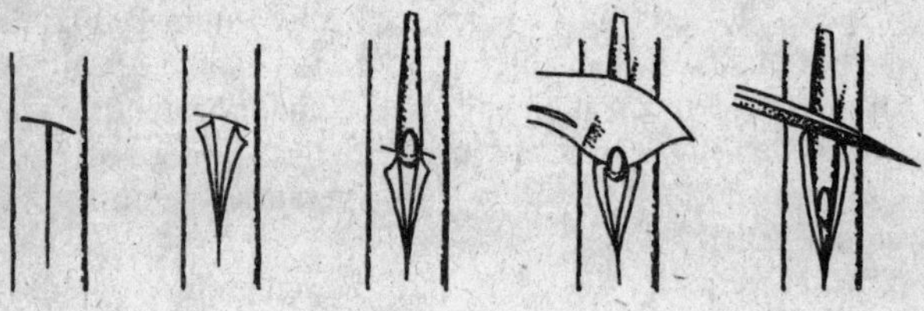

Abb. 28 Das Okulieren,
von links nach rechts: T-Schnitt in der Unterlage, Rinde gelöst, Edelauge eingesetzt, mit Hilfe des Messerrückens hinter die Rinde geschoben, überstehender Rindenlappen wird abgeschnitten.

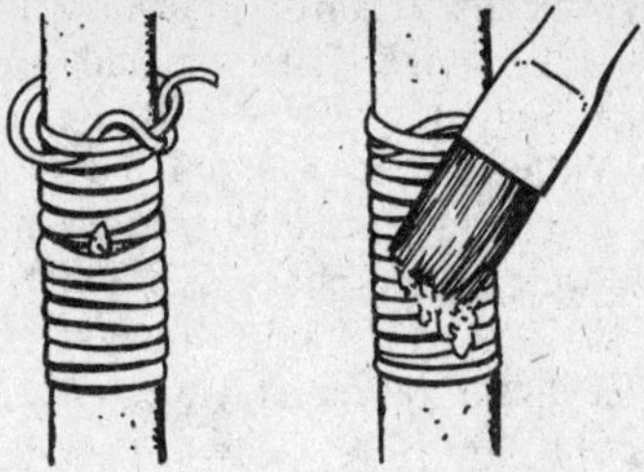

Abb. 29 Der Bastverband wird mit Baumwachs verstrichen.

von Raphia- und Kunstbast muß die Veredlungstelle dicht mit Baumwachs verstrichen werden. Steht Baumwachs nicht zur Verfügung, sollte die Unterlage so hoch angehäufelt werden, daß die Veredlungsstelle dann vollkommen mit Erde bedeckt ist. Während Raphiabast in der Erde nach kurzer Zeit verrottet, sich der Verband also selbst löst, müssen alle anderen Verbände spätestens nach vier Wochen von Hand gelöst werden. Hierbei wird der Verband auf der der Veredlungsstelle gegenüberliegenden Seite durchgeschnitten.

Um die Edelaugen über Winter vor Frost zu schützen, müssen die Unterlagen etwa im November erneut angehäufelt werden.

Im Frühjahr, sobald es die Witterung zuläßt und der Boden genügend abgetrocknet ist, wird die angehäufelte Erde eingeebnet und die Wildkrone unmittelbar über dem Edelauge abgeschnitten. Das bisher ruhende Edel-

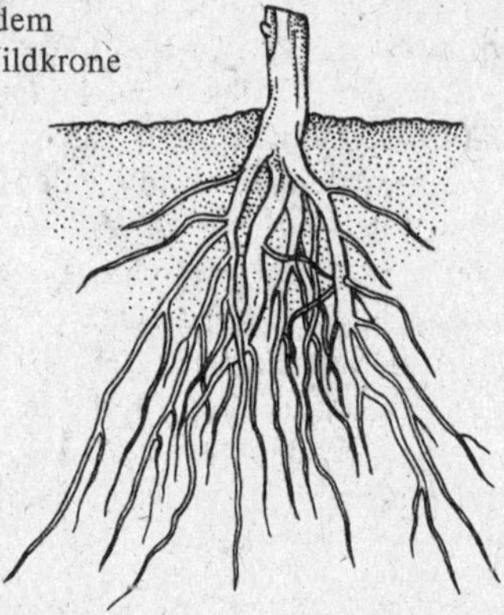

Abb. 30 Nach dem Abwerfen der Wildkrone

auge treibt nun alsbald aus. Eine buschige Pflanze entsteht, wenn der junge Trieb, sobald er ungefähr eine Handspanne lang ist, auf 3 bis 4 Blätter eingekürzt (pinziert) wird. Während der gesamten Vegetationsperiode ist der Boden locker zu halten. Wildtriebe müssen rechtzeitig entfernt werden. Bereits in diesem Sommer können wir uns an den ersten Blüten erfreuen.

Im Herbst dieses Jahres, nachdem die Pflanzen genügend ausgereift sind, also selten vor Ende Oktober/Anfang November, werden sie gerodet, entblättert und nach Güteklassen sortiert. Erst dann kommen sie in den Handel.

Stammrosenanzucht

Für die Anzucht von Stammrosen sind zunächst einmal Unterlagenstämme erforderlich. Man gewinnt sie unter Verwendung von Pflanzen bestimmter Formen der *Rosa canina.* Die stärksten Pflanzen werden ähnlich wie zur Buschrosenanzucht aufgeschult. Im 2. Jahr nach dem Aufschulen haben sich aus diesen Rosen starke Büsche gebildet. Im Spätherbst nimmt man sie aus dem Boden. Bis auf den dicksten, längsten und bestgewachsenen Trieb werden alle Triebe dicht am Wurzelstock entfernt.

Im Herbst oder im kommenden Frühjahr pflanzt man dann die Unterlagenstämme im Quartier auf. Die Veredlung erfolgt im Juli in der gewünschten Stammhöhe. Der Veredlungsvorgang ist derselbe wie bei Buschrosen, allerdings setzt man zwei Augen je Stamm, möglichst in gleicher Höhe, auf gegenüberliegenden Seiten ein.

Der Okulationsschnellverschluß läßt sich bei der Veredlung von Stammrosen nicht anwenden. Die Okulation wird aber nicht mit Bast, sondern mit einem Folienstreifen verbunden. Diese Folie soll ungefähr 0,10 bis 0,15 mm stark sein, die Breite der Streifen etwa 10 mm betragen. Die Augen verwachsen bei dieser Methode besser als bei der herkömmlichen Methode des Verbindens mit Bast. Nach drei Wochen muß der Verband gelöst werden. Zur Überwinterung werden die veredelten Stämme umgelegt und mit Erde bedeckt.

Im Frühjahr, von der Winterbedeckung befreit, richtet man die Stämme auf und entfernt die über der Veredlungsstelle befindliche Wildkrone. Bald treiben die Edelaugen aus, sofern die Veredlung gelungen ist und den Winter gut überstanden hat.

Um gutes Pflanzgut heranzuziehen, ist viel Arbeit zu leisten, Erfahrung und Umsicht sind nötig. Dennoch gibt es Ereignisse, wie Frost, Hagel, Nässe oder Trockenheit, die den Erfolg aller Mühen in Frage stellen. Jeder Rosenfreund sollte sich im Veredeln üben, um für seinen eigenen Garten die gewünschten Rosen selbst heranzuziehen. Die Anzucht von Rosen kann zu einer Nutzen und Freude bringenden Freizeitbeschäftigung werden.

Hinweise zur Rosenanzucht für den Rosenfreund

Im vorigen Abschnitt wurde die Rosenanzucht kurz beschrieben, wie sie in den Rosenschulen durchgeführt wird. Nun ist es für den Rosenfreund ein besonderes Erlebnis, sich seine Rosenpflanzen selbst heranzuziehen. Oft möchte er auch ein Rose besitzen, die nicht mehr im Handel ist. Wenn er von dieser gewünschten Sorte Reiser erhalten kann, dann kann er sie auch selbst unter geringem Aufwand vermehren. Gewiß hat er die Möglichkeit, dieselbe Methode wie in der Rosenschule anzuwenden. Jedoch ist die Gewinnung von Veredlungsunterlagen aus Samen sehr mühsam. Um diese Schwierigkeit der Sämlingsanzucht zu umgehen, kann man die Unterlage auch aus *Rosa-multiflora*-Steckholz gewinnen.

Steckholzvermehrung

Im Herbst, vor stärkerem Frost, wird das ausgereifte Holz geschnitten. Die Länge dieses Steckholzes soll ungefähr 20 cm betragen und mindestens Bleistiftstärke besitzen. Es wird frostfrei in einem Folienbeutel während des Winters aufbewahrt. Mit Ausnahme der obersten Augen werden alle anderen Augen geblendet, d. h., sie werden so

Abb. 31
Rosa-multiflora-Steckholz

ausgeschnitten, daß kein unerwünschter Austrieb erfolgen kann. Das Steckholz wird im Frühjahr in tiefgründig gelockerten Boden gesteckt. Die oberen zwei bis höchstens drei Augen, die nicht geblendet wurden, sollen aus der Erde herausragen. Nach erfolgter Bewurzelung kann bereits im ersten Sommer veredelt werden. Es empfiehlt sich jedoch, mehrere Steckhölzer zu stecken, weil es oft Ausfälle gibt. Die weitere Behandlung erfolgt, wie sie im vorigen Abschnitt beschrieben wurde.

Stecklingsvermehrung

Es ist auch möglich, wurzelechte Rosen selbst zu ziehen. In diesem Zusammenhang soll daran erinnert werden, daß die feldmäßige Rosenanzucht durch Okulation erst um die Jahrhundertwende in Deutschland eingeführt wurde. Bis dahin wurden Rosen nur aus Stecklingen in Topfkultur gezogen. Wenn auch der Erfolg für den Rosenfreund nicht immer ganz sicher ist, so macht doch der erzielte Erfolg Freude.

Aus Stecklingen ist die Vermehrung am einfachsten. Der Erfolg ist hier allerdings nicht ganz sicher. Nicht alle Sorten bewurzeln sich gut. Am leichtesten und sichersten sind Stecklinge von Sorten der Polyantha-Klasse und deren nächste Abstammung. Die Erfahrung zeigte, daß aus den Stecklingen gezogene Rosen etwas schwächer wachsen als die auf eine Veredlungsunterlage veredelten. Auch sagt man ihnen eine nicht so lange Lebensdauer nach.

Die Stecklinge schneidet man von nicht mehr ganz jungen, aber auch nicht verhärteten Trieben, also etwa während der Blütezeit. Die Stecklinge sollen zwei oder drei voll entwickelte Blätter haben. Über dem obersten Auge lasse man mindestens 5 mm des Triebes stehen, jedoch unter dem Blatt kann der Triebteil länger sein. Um das Stecken zu erleichtern, kann das untere Blatt entfernt, die verbleibenden etwas eingekürzt werden. Diese so vorbereiteten Stecklinge steckt man etwa 2 cm tief in ein Substrat, z. B. Torf-Sand-Gemisch. Um »gespannte« Luft zu erzeugen, wird über die Stecklinge eine Glasglocke (Einweckglas) oder Folie gebracht.

Unter günstigen Bedingungen kann man im Freiland nach etwa vier Wochen mit der Bewurzelung rechnen. Haben sich die Stecklinge gut bewurzelt, werden sie langsam abgehärtet, d. h. der Schutz wird entfernt. Wenn die Stecklinge nicht gleich in den Topf gesteckt wurden, müssen sie nun getopft werden. Die Töpfe werden dann im Winter kühl, möglichst frostfrei, gelagert und dann im Frühjahr ausgepflanzt.

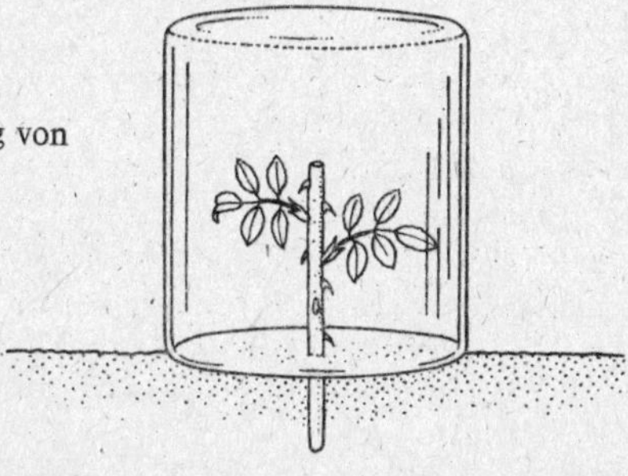

Abb. 32
Stecklingsvermehrung von Rosen

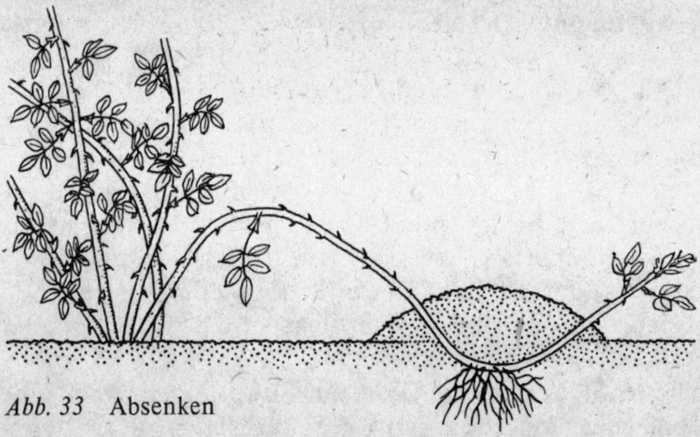

Abb. 33 Absenken

Absenken

Absenken ist auch eine u. U. erfolgreiche Vermehrungsmöglichkeit für den Rosenfreund. Vor allem Kletterrosen, aber auch Sorten, deren Zweige sich biegen lassen, lassen sich dafür verwenden. Ein geeigneter Trieb wird zur Erde gebogen, abgesenkt, und mit einer Astgabel o. ä. befestigt, so daß er in der gewünschten Stellung bleibt, und mit Erde angehäufelt. Die Triebspitze bleibt jedoch unbedeckt und muß sich oberhalb der Erde befinden. Nach längerer Zeit, mitunter erst im folgenden Jahr, hat der sich in der Erde befindliche Teil bewurzelt. Er kann dann von der Mutterpflanze abgeschnitten werden. Diese neue Pfanze kann nun an Ort und Stelle gepflanzt werden.

Hagebutte als Vitaminspender

Die Hagebutte ist eine Scheinfrucht. Die Samen, die im Innern der Hagebutte zwischen stechenden Borsten sitzen, sind die eigentlichen Früchte.

Die Verwendung der Hagebutte war schon im Altertum bekannt. In der Volksmedizin wurden ganze getrocknete Hagebutten, die Kerne oder auch nur die Hagebuttenschalen bei Erkrankungen der Nieren angewandt, insbesondere bei entzündlichen Erkrankungen, bei Nieren- oder bei Blasensteinen. Das Fruchtfleisch der Hagebutte wirkt mild abführend und wird noch heute zur Förderung des Stuhlganges bei mäßiger Darmträgheit genommen.

Die Hauptbedeutung der Hagebutten liegt aber in ihrer Eigenschaft als Vitamin-C-Träger. Bei einem Vergleich mit den anderen Vitaminspendern hält die Hagebutte die Spitze. Die Zitrone enthält je 100 Gramm Frischsubstanz 60 mg Vitamin C, die Schwarze Johannisbeere 125 mg, die Hagebutten je 100 Gramm frische, nichtentkernte Früchte 300 bis 2000 mg je nach Art, und zwar konnten folgende Mengen festgestellt werden:

Rosa canina L.	300 bis 1450 mg
Rosa rugosa Thunb.	300 bis 1000 mg
Rosa pendulina L.	900 bis 2000 mg

Das Institut für Gartenbau Dresden-Pillnitz der Deutschen Akademie der Landwirtschaftswissenschaften zu Berlin hat reiche Vitaminträger ausgelesen und konnte bereits einige Sorten herausstellen. Von diesen ist in der Sortenliste für Zierpflanzen 1977–1980 genannt.

'Pi Ro 3' (*Rosa glauca* × *Rosa pendulina* var. *salaevensis* [Rap.] F. R. Keller), ein 1 bis 2 m hoher Strauch, der breit und locker wächst. Die Trie starken Stacheln besetzt. Der mehrjährigen Durchschnitt 1150 mg je 100 g entkernter Frischsubstanz.

Ernte und Verarbeitung dieser meist in überreicher Menge anfallenden Früchte lohnen sich.

Die Ernte erfolgt, wenn die Früchte vollreif, aber noch hart sind. Zu diesem Zeitpunkt ist der Vitamingehalt am höchsten. Vielfach wird empfohlen, die Früchte erst dann zu ernten, wenn sie durch Frost schon etwas weich geworden sind. Gewiß ist die Bearbeitung dann leichter, aber auch der Vitamingehalt gemindert.

Das Auskernen der Hagebutten ist keine angenehme Arbeit. Es muß aber nur dann erfolgen, wenn Hagebuttenkompott bereitet werden soll. Zur Gelee-, Marmeladen-, Saft- und Weinbereitung ist es nicht unbedingt erforderlich. Man kann die rohen, ganzen Früchte durch den Wolf drehen und so bequem zerkleinern. Außer zur Weinbereitung können auch die ganzen Früchte mit dem entsprechenden Wasserzusatz weichgekocht und durch ein Sieb getrieben werden.

Trotz der Vitaminverluste durch die Bearbeitung und Lagerung ist der Vitamingehalt der Hagebuttendauerprodukte sehr beachtlich. Untersuchungen in Dresden-Pillnitz ergaben bei Mus nach fast 24 Monaten Lagerung noch den hohen Gehalt von 431 mg Ascorbin in 100 g und selbst bei Hagebuttenwein nach einem Jahr noch 131 mg/ml.